# 江水悠悠

水利工程學家治水記

# 江水悠悠

## 水利工程學家治水記

沈學汶 著

商務印書館

## 江水悠悠 —— 水利工程學家治水記

作　　者：沈學汶

責任編輯：蔡柷音　張宇程

封面設計：涂　慧

出　　版：商務印書館 (香港) 有限公司

　　　　　香港筲箕灣耀興道 3 號東滙廣場 8 樓

　　　　　http://www.commercialpress.com.hk

發　　行：香港聯合書刊物流有限公司

　　　　　香港新界大埔汀麗路 36 號中華商務印刷大廈 3 字樓

印　　刷：美雅印刷製本有限公司

　　　　　九龍官塘榮業街 6 號海濱工業大廈 4 樓 A

版　　次：2015 年 1 月第 1 版第 1 次印刷

　　　　　© 2015 商務印書館 (香港) 有限公司

　　　　　ISBN 978 962 07 2758 0

　　　　　Printed in Hong Kong

# 序　一

　　遠古以來，人類逐水草而居，於是形成部落、城邦進而組成國家。一部人類文明史和河川治理有着密不可分的關係。中華民族從夏朝大禹治水以來，國家的興衰，朝代的更迭，幾乎圍繞着黃河的治理。黃河這條中華民族的母親河，是著名的多沙河川，河道非常不穩定，幾千年來在淮河與海河間遊蕩，或而奪淮或而奪海，對中華民族帶來莫大的傷害，但同時也因此形成了肥沃的沖積扇 —— 黃淮平原，滋養了兩岸的黎民。記得多年前大陸拍的一部熱門連續劇《天下糧倉》，其中有一幕是皇帝每年春天都要派人到黃河取水秤重，從水的重量來判斷當年的糧食產量。用水利工程的專業解讀，比較重的水代表水中含沙量高，水中含沙量高代表集水區雨量較豐沛，糧食產量應該會因此高些。但是若含沙量太高，代表集水區發生了暴雨，糧食產量不但不會升高，甚至會發生土（泥）石流，因而釀成巨大災害。不知皇帝陛下知否？

　　傳統水利工程的思維以人定勝天的工程導向為主軸，於是像埃及的阿斯旺水庫、荷蘭的三角洲工程、美國的胡佛水庫、中國的三峽水庫及南水北調工程這類超大型工程，在過去半世紀以來應運而生。為人類帶來了龐大的電力，灌溉了千萬畝良田，減緩了洪水所造成的災害，但也對生態帶來了毀滅性的浩劫。加上近年來因二氧化碳濃度急遽升高所引起的全球暖化，極端氣候已成為常態，旱澇的頻率增加，水利工程的思維已逐漸擺脫傳統的工程導向而轉為非工程導向，從供應導向（Supply Oriented），轉成需求導向（Demand Oriented）。生態水利學、人工濕地、低衝擊開發（Law Impact Development）成了顯學。跨領域對話、公民參與成了必要的手段。身在這當下的水利工程從業人員，如何調整自己的腳步及角度，努力充實自己的職能，改變設計規範，修改決策及政府運作方式，需要足夠的智慧及膽識。

沈學汶教授生長於抗戰時期的中國，負笈美國名校獲得博士學位，師從國際泥砂大師愛因斯坦（Hans Albert Einstein）教授，畢業後長期在美國科羅拉多州立大學及柏克萊加州大學等名校擔任教授，著作等身，作育英才無數。沈教授的研究成果屢獲水利界的國際大獎，並實至名歸地當選美國工程學院院士。在我學生時代，沈教授的名作《河川力學》（River Mechanics）即是修課的重要參考資料。那時初到美國對這位有着中文姓名的大師充滿了好奇，也竊自與有榮焉。那是 80 年代初期的美國，東方人或多或少還是會感受到種族歧視的壓力，像沈教授這樣有名的華人學者，是我們這些離鄉背井的後輩非常重要的心理支撐及學習目標。

我的研究專業和沈教授一樣，都是泥砂運動力學（Mechanics of Sediment Transport），大約在 1982 年左右被沈教授一篇在美國土木工程學會（American Society of Civil Engineering）水利工程期刊發表，有關河床載（bed load）運移過程中一個非常關鍵的係數——隱藏係數（Hiding Factor）的文章所啟發，一路鑽研下去，最後竟成為我博士論文的一部分。所以，我雖然從未有幸上過沈教授的課，但也算是沈老師的私淑艾者。1984 年在美國愛達荷州（Idaho）所舉辦的美國水利工程年會，我發表了一篇關於泥砂運動的論文，引用到沈教授的研究成果。記得會後正和與會學者熱烈討論時，突然從後面傳來一句聲音低沉，字正腔圓的中文句子："我就是沈學汶"，熟悉、陌生、驚訝、擔心是當下的心情。一位多年來鑽研的對象突然出現在眼前，我對沈老師的研究可以自信地說瞭如指掌，但從未謀面，所以是既熟悉又陌生。剛在論文發表中對沈教授的隱藏係數曲線（Hiding Factor Curve）多作評論，不知會不會引來沈教授的不快。幸好沈教授相當包容後輩，很有風度地講了幾句鼓勵話就離開了。這是我和沈教授的第一次會面，但從此卻結下不解之緣，每年總會在國際會議上碰上一兩回，對彼此的研究有了更多的交流。接着自己也擔任教職，輩分近了些，也較敢造次地和沈教授聊些專業以外的事情。記得有一年還應沈教授之邀到柏克萊加州大學演講，並和他的博士生座談。轉眼沈老師已退休多年，自己也成了資深教授，當年在座的幾位學生也都雄霸一方，頗有成就。

　　沈教授系出名門，他對能成為愛因斯坦的門生非常自豪，這位大師正是那位發表相對論，如雷貫耳的愛因斯坦的長子 Hans Albert。我的老師愛荷華大學的約翰・甘迺迪教授（John F. Kennedy）是小愛因斯坦的同行兼好友，上課時常愛講一個真實的笑話，"Hans Albert 在讀大學時，寫了一封信和他的父親報告，說他想選擇泥砂運動當做他的研究領域。過了不久他的父親回了他一封信說：'孩子，這個專業我年輕時也曾嘗試過，但太複雜了，只好改行學物理。'"看似笑話，倒也貼切。今天人類可以對宇宙星體運行，計算得非常精準，但對河床的演變卻知之有限，有許多瓶頸是百年來我們這一行的從事研究者苦思但仍無法突破的。近年來我已不再從事泥砂運動的基礎研究，但每隔一段時間，總會翻翻著名國際期刊，看看這領域有無重大進展，但結果總是令人失望。或許我們的工具及切入點都錯了，或許我們在等待另一個愛因斯坦來引領。或許上天根本就沒打算讓人類弄清楚，亂中有序（Chaotic）才是其真諦。老子在《道德經》第一章說："道可道，非常道，名可名，非常名"，不就開宗明義地告訴我們了嗎？

沈教授家世顯赫，他是詹天佑的外孫，這位第一代庚子賠款的留學生，學成回國後蓋了中國第一條鐵路，從北京到張家口，是我們土木界的老前輩。每次到漢聲雜誌社拜訪，總會看到早年一期介紹詹天佑的雜誌封面，花翎頂戴，相貌威嚴，目視前方，炯炯有神，和沈教授倒有幾分神似。百年來，中國的留學生在國外學成後，都會面臨回國與否的抉擇，最辛苦的是在 50 年代的冷戰時代初期的那些前輩，那時中國留學生都被禁止返回大陸，但有少數如錢學森等人，幾經曲折得以返回大陸。這批留學生確實在大陸的科學發展史上，扮演非常關鍵的角色。但有更多的一批人在文革浩劫中，淪為齏粉。沈教授在那個年代畢業，相信在去留之間，定有一番辛苦的掙扎。

　　沈教授將一生寶貴經驗寫成鉅作《江水悠悠 —— 水利工程學家治水記》，書中有沈教授從事水利教學研究 50 年的精華，從洪水、乾旱、生態水力學、水工構造物到因水資源所引起的國際衝突，內容大部分都是第一手的觀察及實際參與的寶貴經驗，不論對水利教學研究從業人員，或是政策制定及執行者都是非常重要的參考資訊。另一部分則是回顧自己一生的生命軌跡，從抗戰的中國、冷戰時代到現代的美國，足跡踏遍了世界的每一個角落。又因為身為華人，所以對大陸及台灣的重大水利工程有了更多的關懷與投入。其中有沈教授個人的心路歷程及人生經驗，但也是那個時代中國留學生共同的回憶。愛荷華大學國際寫作班的聶華苓教授，將她精彩的人生三階段（大陸、台灣、美國）寫成一本傳世名鉅《三輩子》，引起許多迴響與反饋。且讓我們拭目以待沈學汶教授精彩的"兩輩子"。


**李鴻源資深教授**
國立台灣大學

# 序 二

　　沈學汶教授是國際著名的河流動力學權威、水力學大師、前輩，一直素仰大名。記得第一次碰面是在香港，當時是 1998 年 12 月。那時候我是香港大學土木工程系的講座教授，主辦了一個環境水力學及河流泥砂的大型國際會議（ISEH/ISRS98），並有幸邀請到沈教授來做一個主講（Keynote Lecture）。教授講的是有關控制水庫泥砂淤積的問題。他的演講結合了基礎理論及實驗，和三門峽水庫的野外資料。教授的描述深入、簡單而有力，其精彩的演繹令在場的三百多位國際專家留下深刻的印象。

　　《江水悠悠 —— 水利工程學家治水記》這本書內容豐富而趣味性強。作者的河川管理經驗以及對人水和諧的信念，透過不同國家和年代的案例，很立體地表達出來。河流生態是這十年間在亞洲比較熱門的研究題目，而教授是這方面的先驅者。早於 1990 年教授已經應用水力與水文的研究去探索 / 解決美國佛羅里達州奇士美河（Kissimmee River）的河流恢復（River Restoration）問題。他在書裏談及多項水利工程，怎樣在經濟效益、環境生態及風險多方面取得平衡，使讀者對工程有一個比較全面的體會。

　　這本書很有人情味和歷史價值。當教授談到不同年代留美中國學生的故事，尤其帶着深情和愛國情懷。作者出生在一個書香世家，外祖父詹天佑是清朝首批美國留學生中的表表者，偉大的鐵路工程師。詹氏與香港也有淵緣，在 1916 年獲得香港大學榮譽博士學位。

　　這本書給我的印象是內容新穎，老少咸宜。作者在漫談河川水利之際，涉及範圍甚廣，既有環境工程又有個人、家、國夢想和奮鬥的故事。本書是一本可讀性極高的劃時代佳作。

**李行偉教授**
香港科技大學副校長（研發及研究生教育）
英國皇家工程院院士
香港工程科學院院士及主席

# 自 序

在過去的 50 年裏，我一直努力與河流相處。一方面，我希望能減少洪水災害；另一方面，我必須考慮與環境和諧共存。我本是加州大學柏克萊分校的土木與環境工程學系資深教授，現已退休。

本書的主要目的，是向大眾介紹河川治理、洪患與乾旱、河川水利環境分析和長江三峽大壩等知識。書中分享的包括三峽大壩竣工後幾年的長江河川數據。

我於 1929 年 7 月 13 日在北京出生，1949 年 8 月自上海高中畢業後，父母便將我送到美國。我很幸運地在密歇根州遇上我的愛妻，並於加州大學柏克萊分校在敬重的漢斯・阿爾伯特・愛因斯坦教授（Hans Albert Einstein，Albert Einstein 之子）門下學習。老師鼓勵我發揮更多創造力，於是要我研究自選的主題，而不是繼續他的研究。我親愛的妻子也改變了我的生活方式，鼓勵我更努力學習和工作。

這兩個人都深深影響了我，因此這本書要獻給我的導師和我的愛妻。

導師漢斯・阿爾伯特・愛因斯坦教授。

與愛妻近期在黑海郵輪上拍攝。

　　由於我的主要研究方向為河川治理與分析，所以朋友們最常向我提出的三個問題包括：

1. 我們在治理洪水和乾旱上花費不少金錢，那真的能解決問題嗎？就這些問題當前的知識和未來的發展方向為何？

2. 很多人都說應與環境和諧共處。在這方面我們需要做些甚麼？

3. 你對三峽大壩的看法為何？你能提供一些關於大壩的技術資訊嗎？

　　因此，本書的第一個目的，是根據我的經歷跟大眾談談這三個相當重要的問題。我相信對於河川開發與水資源專家而言，這本書也會很有幫助。

　　本書第 1 章將淺談世界水資源問題。我們一方面為了發展而與水爭地，另一方面又因用水增加而與其他生態物種爭奪食水。海水淡化需要耗用許多能源和資源，除非其成本能大幅下降，否則水資源短缺的問題將比能源短缺更為嚴峻。我曾參與一些國與國之間的水資源鬥爭案例，我亦會在第 1 章簡短描述。

　　1993 年，密西西比河洪水過後，美國國會委任了一個特別委員會檢討美國的所有防洪政策。我也是委員會 12 名成員之一。一年後，委員會提出建議，隨後這些建議皆被政府和社會大眾採用。這會在第 2 章有關洪水與乾旱的內容中討論。

　　1996 年，我在加拿大魁北克省為兩年一度的水力研究國際協會發表一些方針，以下為三組類型河流的生態水力分析總結。我在本書第 3 章還會描述其中兩項計劃的細節。

　　第一類型是確定某些優勢物種的需求，並嘗試為這些優勢物種改變河川，以提供適合的條件。我以下述計劃為例。

　　美國墾務局計劃在內布拉斯加州（Nebraska）的尼歐布拉拉河（Niobrara River）建立大壩作供水之用。這條河的某段河段屬瀕臨絕種物種美洲鶴（Whooping Crane）的遷徙路徑。在一個月內，我們每天利用飛機觀察沙丘鶴，並採用嚴格的水庫操作機制，務求能營造滿足沙丘鶴和美洲鶴的環境。

　　至於第二類型，假若河川內的生物不存在單一優勢物種，多個優勢物種的需要可能互有衝突。遇到此狀況我們就不能根據單一生物需求而改變河川，反之應盡可能恢復河川環境至某一歷史狀態。我在美國佛羅里達州奇士美河（Kissimmee River）推行的計劃就屬於這種情況。此計劃可能仍是美國最大型的純生態復育計劃，花費接近 5 億美元，因此獲美國三大晚間新聞 NBC、CBS、ABC 以及《華爾街日報》（The Wall Street Journal）的廣泛報導。此計劃的大部分資金均作購買土地之用。

　　實際上，絕大多數稱作“河川生態復育計劃”的均屬第三類型，此類型並無依照特殊物種需求來改變河川系統，也沒有復育河川到任何歷史狀態。這類計劃是藉着改善河川系統的景觀來取悅遊客。

　　數十年前，水壩被視為能減少洪災，為人們儲水灌溉，也是最理想的發電工具 —— 水力發電非常清潔，優美的水庫還可以提供釣魚和休閒娛樂。然而，埃及尼羅河的阿斯旺水庫落成後，卻改變了全世界對水壩的觀感。這座水壩截斷了某些魚類的遷移

路徑，減少了下游的肥沃土壤，甚至還可能改變氣候模式。我在
1973 年曾應聯合國之邀，到阿斯旺水壩檢討其對環境的影響。

在河川系統中，水壩逐漸演變成水利環境分析的討論焦點。
因此，本書第 4 章簡述了壩體種類、水壩造成的影響、水壩項目
規劃、壩體損毀、壩體安全性、世界大壩委員會及壩體遷移等議
題。

雖然我曾接受中國不同機構邀請，透過私人會談或國際研討
會來探討各種河川議題，但卻從來沒有直接參與過任何中國河川
計劃的項目。我的技術資訊是根據少數私人談話及出版報告所得
知。第 5 章主要探討長江三峽大壩，當中我引用了三峽大壩完工
幾年後的一些河川數據，並據此提出一些建議。

本書的第二部分是描述自外祖父詹天佑之後，留美學習的中
國學生所經歷的歷史演變，以及我一生裏學習、工作、在國際交
流的體驗和故事。它們將收錄於第 6 至第 9 章。

第 10 章會簡述我與家人的關係。

基於本書的編寫方式，每一個章節均可獨立閱讀。


在我 50 年的職業生涯中，曾在 20 個國家參加各類水利工程
項目，也很榮幸獲頒十餘個主要國家和國際獎項。這些都在第 10
章的最後一節介紹。

我的回憶裏滿是江水悠悠的景象，有繁忙的密西西比河、有
浩瀚的雅魯藏布江、有浪漫的尼羅河（我與愛妻相隔 20 年後又再

次重遊），也有湍急的長江。江水悠悠也象徵着我幸運和平順的一生，這使我想起詩仙李白的著名唐詩《早發白帝城》的詩句：

> "朝辭白帝彩雲間，
> 千里江陵一日還。
> 兩岸猿聲啼不住，
> 輕舟已過萬重山。"

**沈學汶**

# Preface

During the past fifty years, I have dealt with river flows. I hoped to reduce flooding damages while facilitating a harmonious existence between humans and the environment. In the year 1999, I retired from a senior professorship in the Civil and Environmental Engineering Department at the University of California at Berkeley.

The first main purposes of this book is to introduce the general management of river, floods and droughts, the ecological consideration of rivers and the Three Gorge Dam in China based on a few limited field data after the completion of this dam. The second part of this book is to describe the historical change of the characteristics of Chinese students in the US and my life.

I was born in Beijing in the year 1929. After the graduation from the Shanghai High School, my parents sent me to study at the US in August, 1949. I was rather fortunate to marry my wife at the University of Michigan and then to study under the esteem professor Hans Albert Einstein at the University of California at Berkeley. He was a son of Albert Einstein. My Professor encouraged me to create my own subject to study and not just to continue the research that he had conducted. My dear wife thankfully encouraged me to concentrate more on scholarly research which has been enormously significantly to my career.

Since these two people have had greatly influence on me and thus this book is dedicated to them.

Because I dealt with river flows, often friends have asked me the next few questions:

1. We have spent a great deal efforts in flood management around the world. Why do we still face flood damages now and what are the current flood policy as well as the future directions in dealing with floods?

2. We have heard a lot of ecological considerations on river management, What have we done?

3. There has been active discussion on the Three Gorge Dam at the Yangtze River, China. What is my view on this Dam?

Although the main audience for this book is for general public but I firmly believe that this book would be useful also to technical specialists.

The first chapter is to briefly introduce the water problems in the world with three examples of water resource conflicts. Often national survival may depend on the nature of its water supply. Water supply in the future could be more important than energy supply in some regions around the world.

After a major 1993 Mississippi River flood, the US Congress appointed a committee to evaluate its flood policy. I was a member on this committee and all our recommendations were adopted by the society. This will be discussed in Chapter 2.

During the Second International Congress on Ecological Consideration of Rivers in 1996, I gave a keynote speech to summarize the current procedures used to protect the ecology of rivers and this is given in Chapter 3.

The first approach is to regulate the river flows according to certain needs of dominate species. I discussed my project on whooping cranes at the Niobrara River in Nebraska to demonstrate this case. If several important biological species require conflicting demands, we will restore the river environment into some historical conditions. I discussed my project on the Kissimmee River Restoration Project as an example. Since this is the largest restoration project in the world, my 500 million dollar project was mentioned by the three major evening news programs : CBS, NBC and ABC . *The Wall Street Journal* also mentioned this effort.

Since dams has been a focal point for the environmental discussion of river projects. Chapter 4 discusses various effects of dams and the important considerations on the hydraulic design of dams. There are also several international organizations in dealing with conflicts created by the developments of dams.

Although I haven been invited by several agencies to visit various river systems in China, I had never been directly involved in any Chinese projects. All my information came from few private conversations and reading a few published articles or books. In Chapter 5, I discussed the planning of this Three Gorge Dam based on the hydrological and sedimentation engineering aspects.

The second part of this book is to describe the change of the characteristics of oversea Chinese students to the US in the past hundred years since the days of my maternal grandfather Jim Ten You (詹天佑) .

He was in the first group of Chinese students sent by the Chinese Government to study in the US. After graduating from the Yale University, he returned to China to build some important and difficult railroads in China, with much less time and funding than that estimated by foreign companies. At that time many foreign specialists clearly stated that none Chinese could have built that. The current Chinese government has built an entire  museum to honor him in Beijing.

From Chapter 6 to Chapter 9, I described my life with emphasis on international visits. Each Chapter in this book can be read independently. In these chapters, first I described my life as a student in the University of Michigan as well as in the University of California at Berkeley. During the past fifty years, I have written several technical books published by John Wiley & Sons, McGraw Hill and Water Resources Publications. I was also fortunate to receive numerous  national and international awards as stated in the last section of the Chapter 10. I have had the pleasure to participate in water resources projects for United Nations, World Bank and also in twenty countries.

When I closed my eyes, I could always feel the busy Mississippi River, the roaring of the Brahmaputra River , the romantic Nile River and the **angry** Yangtze River.

# 目　錄

## 第一部分　水資源管理與水利工程

第一部分

# 水資源管理與水利工程

## 第 *1* 章 | 世界水資源、河川狀況與 跨區域衝突

## 1.1　世界水資源概述

　　人類生活在一顆行星上 —— 地球，地球表面大部分被水覆蓋，其中含鹽海水佔 97%，而將近 2% 的水長存在雪和冰之中，僅有不到 1% 的水供應予農業灌溉、工業發展以及人類基本生活所需。

　　水文循環（Hydrologic Cycle）中水從海水、湖泊和水庫等蒸發，再以雨水或雪中的淡水重降地面。現在地球正經歷"全球暖化"，但暖化緣起仍有爭議 —— 它是自然的過程，還是基於人為干擾（例如汽車排放的二氧化碳）？我對全球暖化沒有研究，但是多數科學家堅信"暖化"源於人類的活動。無論如何，全球暖化已改變了雨水和雪的空間以及時間分佈，也同樣影響各地水資源的供應。毫無疑問，各地的冰河在過去十多年幾乎都顯著萎縮。

　　以下的水資源和河川資料取自下列四個來源。大部分水資源

數據是由不同模組估計所得，因此不能視為精確的數值。河川資料則應比較可靠，因為大多根據實際測量而得出。

- 參考文獻 1：Peter H. Gleick et al., *The World's Water*, Volume 7, The Island Press, 2012.
- 參考文獻 2：*Wikipedia, The free encyclopedia*, online, 2012.
- 參考文獻 3：Maggie Black and Janet King, *The Atlas of Water: Mapping the World's Most Critical Resources*, 2nd edition, Los Angeles: University of California Press, 2009.
- 參考文獻 4："Water our Thirsty World", a special issue, *National Geographic Magazine,* April, 2010.

| 項目 | 水的體積（立方公里） |
|---|---|
| 水總供應量（文獻3） | 13億8,600萬$km^3$ |
| 總海水量（文獻3） | 13億5,100萬$km^3$ |
| 總淡水量（文獻3） | 3,500萬$km^3$ |
| 落於海水的降水量 / 年（文獻3） | 45萬8,000 $km^3$ |
| 海水的蒸發量 / 年（文獻3） | 50萬2,800 $km^3$ |
| 海洋至陸地水氣輸送量 / 年（文獻3） | 44,800 $km^3$ |
| 土壤與植物蒸發量 / 年（文獻3） | 74,200 $km^3$ |
| 湖泊蒸發量 / 年（文獻3） | 9,000 $km^3$ |
| 陸地降水量 / 年（文獻3） | 11萬9,000 $km^3$ |
| 冰原、冰川、永久積雪（文獻4） | 69.6%淡水量 |
| 地表滲入至地下與含水層（文獻4） | 30.1%淡水量 |
| 湖泊、河流、濕地、動植物與大氣總淡水量（文獻4） | 0.3%淡水量 |

表1.1　陸地與海洋的水分佈

## 1.2    各國的總用水量

以下將列出某些國家總用水量的統計資料，這些數據有助勾畫各國的水資源議題。但要採用這些數據來比較各國內的小型地區中水的有效供應量與總用水量，並確認該小型地區是否出現水源短缺是不太可能的。

在開展每一項工程前，我們都必須先確定某一特定小型地區的水需求量和有效供應量。由於人類傾向遷移到有水資源的地方，因此即使在天然水資源豐沛的地區，在大量人口遷移至此後，水源短缺亦可能發生。相反，一個水資源匱乏的半乾旱地區，若能找到可靠的水源供應，便可持續發展，例如胡佛大壩（Hoover Dam）便維繫着拉斯維加斯的繁榮。

文獻 1 列出 300 多個國家的數據，但這裏僅選列 20 個國家的數據，如表 1.2 所示（頁 5）。所有單位皆為每年每人多少立方米的用水，人口單位數為百萬（2010 年人口）。產業淡水使用量通常指從水源處抽出的量，而非指“消耗”的用水量。民生的部分通常包括家庭、都市、商業和政府用水；工業的部分包括電廠冷卻和工業生產用水；農業的部分包括灌溉和飼養牲畜。要注意降雨量不列於其中。這些數據來自各種參考資料，蒐集的渠道十分廣泛，時間為 2000 年左右。再次重申，只有其中一部分數據是實際調查所得，餘下部分是經由各種不同的假設和模組所估計出來，因此數據只能勾畫大概的趨勢。這些資料雖然是人們最需要的，但最不可靠，不過卻是目前所能獲取的唯一數據。

| 國家 | 人口總數（百萬） | 總用水量（立方米） | 民生用水（立方米） | 工業用水（立方米） | 農業用水（立方米） |
|---|---|---|---|---|---|
| | | 每人每年計算 | | | |
| 澳洲 | 22 | 2,782 | 409 | 279 | 2,093 |
| 巴西 | 195 | 297 | 83 | 52 | 162 |
| 中國 | 1,362 | 425 | 52 | 99 | 266 |
| 印度 | 1,214 | 627 | 46 | 14 | 567 |
| 印尼 | 232 | 356 | 28 | 2 | 325 |
| 日本 | 127 | 696 | 137 | 124 | 435 |
| 韓國 | 49 | 525 | 136 | 63 | 326 |
| 法國 | 63 | 529 | 83 | 394 | 52 |
| 德國 | 82 | 463 | 57 | 314 | 92 |
| 埃及 | 84 | 809 | 62 | 49 | 695 |
| 尼日利亞 | 158 | 51 | 11 | 5 | 35 |
| 巴基斯坦 | 185 | 993 | 52 | 8 | 933 |
| 菲律賓 | 94 | 843 | 62 | 80 | 701 |
| 俄羅斯 | 140 | 546 | 102 | 347 | 97 |
| 新加坡 | 5 | 39 | 18 | 20 | 2 |
| 西班牙 | 45 | 821 | 111 | 152 | 559 |
| 瑞典 | 9 | 288 | 106 | 157 | 26 |
| 泰國 | 68 | 841 | 40 | 41 | 760 |
| 寮國 | 7 | 466 | 20 | 26 | 420 |
| 美國 | 318 | 1,518 | 193 | 699 | 626 |

表1.2　各國產業淡水使用量（參考文獻1）

雖然表 1.2 的數據並非十分精確，但大概可總結出下述趨勢：

(1) 大多數亞洲國家主要發展農業，因此農業用水佔了總用水量的大部分。只有新加坡例外，因為新加坡的可耕土地非常有限；

(2) 歐洲的工業用水多於農業用水；

(3) 美國的農業與工業用水相當，美國的農業出口量也十分可觀；

(4) 澳洲的用水量特別高，原因可能是降雨較少，不能只靠雨水灌溉（表 1.2 並未把天然降雨計算在內）；

(5) 從第四欄的民生用水可見，撇除澳洲，美國的民生用水量最高，其次是日本、韓國、歐洲國家和巴西；

(6) 民生用水量最少的是中國和一些亞洲國家，但這些發展中國家可能會隨着國家建設而增加民生用水量。

從表 1.2 可見，世界許多地方將面臨嚴重缺水的問題。

## 1.3　海水淡化

隨着人口迅速增加，以及人均需求量大幅增長，水資源短缺將成為嚴峻的環球議題，除非海水淡化的成本得以大降，否則供水總量根本不能增加。海水淡化在世界各地都有案例，包括香港和中國，水價申報價格為每 100 加侖（1 加侖約 3.79 公升）0.5 美元至 1 美元，但當中隱含不少政府資助。

海水淡化需要大量能源，因此實際上只有沙地阿拉伯和以色

列兩地有條件大規模進行海水淡化以解決水源短缺。隨着新興國
家開發新工業，對水質可能造成更大程度的污染，令可用的淡水
減少，故各國仍需嘗試開拓更多水源。

## 1.4　香港的水資源概述

香港的水供應主要有三種來源：（1）廣東省東江；（2）香港
本地淡水水庫；（3）沖廁用的鹹水。用量每年均有波動，根據香港
政府 2012/2013 年的總耗水量報告，香港共使用 9.33 億立方米淡
水，以及 2.74 億立方米沖廁鹹水。

其他數據如下：

A）　中國廣東省東江輸入大量的水，共計 7.15 億立方米。

B）　香港本地近 20 座淡水水庫的總供應量，約為 2.18 億立
方米。

C）　1999 年，超過八成香港市民利用海鹹水沖廁。

D）　1975 年曾開設海水淡化廠，但由於從東江取水更為便
宜，因此該廠已停用。2011 年再次規劃建造海水淡化廠。

香港目前的年用水量稍為超過十億立方米，水源供應穩定，
其中約有 70% 來自廣東省東江。

## 1.5　世界大型河川的狀況

許多國家都和鄰國共用一條河川。由於水源供應對經濟發展
相當重要，水資源的調度會損害鄰國利益，所以兩個毗鄰的國家
有可能因為水資源或河川建設引發劇烈衝突。水資源衝突包括領

土爭議、漁業及生態的利益關係、水源供給分配和水質爭議等。像水壩這種儲水設施，會影響到下游國家的水資源供應，進而影響社會的經濟發展及穩定性，所以任何一個國家也不能忍受上游國家關閉閘門，造成供水不足。

歷史裏的水資源衝突層出不窮，雖然傳統戰爭很少單純源於水資源爭議，但水資源衝突常會引發國際局勢緊張，真正的戰爭導火線則由其他因素引發。表 1.3 列舉許多流經不同國家的大型河川（長江與黃河除外）。

## 1.6　水資源發展與河流衝突

以下是三個有關河流水資源衝突的實例，我曾以不同的角度和身份參與其中。第一個例子主要講述印度與巴基斯坦的灌溉用水爭議；第二個例子是亞洲國家的水力發電和社會經濟發展，與漁業、生態系統及居民傳統生活形態所引發的衝突；最後一個例子是美國西部各州對水源供應的爭議。

先說第一例，受爭議的是印度河流域的上游水源，它差點引發戰爭。這些水的主要用途為農業灌溉，當我在 1961~1964 年任職芝加哥的哈察顧問工程公司（Harza Engineering Company）時，為了改善巴基斯坦的水源供應，我對曼格拉壩（Mangla Dam）、塔貝拉壩（Tarbela Dam）及印度河流域的一些供水渠道進行輸砂及河川行為分析。曼格拉壩的規模目前排名全球第 16，而塔貝拉壩則是現今世界上最大的土石壩。

| 河流名稱 | 長度 | | 流域面積 | 平均流量 | 注入 | 流經國家 |
|---|---|---|---|---|---|---|
| | （公里） | （英里） | （平方公里） | （立方公里/秒） | | |
| 1　尼羅河 | 6,650 | 4,135 | 3,349,000 | 5,100 | 地中海 | 埃塞俄比亞、厄利垂亞、蘇丹、烏干達、坦桑尼亞、肯雅、盧旺達、蒲隆地、埃及、剛果民主共和國 |
| 2　亞馬遜河 | 6,400 | 3,980 | 6,915,000 | 219,000 | 大西洋 | 巴西、秘魯、玻利維亞、哥倫比亞、厄瓜多爾、委內瑞拉、圭亞那 |
| 3　長江 | 6,300 | 3,917 | 1,800,000 | 31,900 | 東海 | 中國 |
| 4　密西西比河-密蘇里河 | 6,275 | 3,902 | 2,980,000 | 16,200 | 墨西哥灣 | 美國、加拿大 |
| 5　拉普拉塔河-巴拉那河-格蘭德河 | 5,578 | 3,482 | 3,100,000 | 25,700 | 大西洋 | 巴西、阿根廷、巴拉圭、玻利維亞、烏拉圭 |
| 6　葉尼塞河-安加拉河 | 5,539 | 3,445 | 2,580,000 | 19,600 | 喀拉海 | 俄羅斯、蒙古 |
| 7　黑龍江-克魯倫河 | 5,498 | 3,416 | 1,855,000 | 11,400 | 鄂霍次克海 | 俄羅斯、中國、蒙古 |
| 8　黃河 | 5,464 | 3,398 | 745,000 | 2,110 | 渤海 | 中國 |
| 9　鄂畢河-額爾齊斯河 | 5,410 | 3,364 | 2,990,000 | 12,800 | 鄂畢灣 | 俄羅斯、哈薩克、中國、蒙古 |
| 10　剛果河 | 4,700 | 2,922 | 3,680,000 | 41,800 | 大西洋 | 剛果民主共和國、中非共和國、安哥拉、剛果、坦桑尼亞、喀麥隆、贊比亞、蒲隆地、盧旺達 |
| 11　勒拿河 | 4,400 | 2,736 | 2,490,000 | 17,100 | 拉普捷夫海 | 俄羅斯 |
| 12　湄公河 | 4,350 | 2,705 | 810,000 | 16,000 | 南中國海 | 寮國、泰國、中國、柬埔寨、越南、緬甸 |
| 13　印度河 | 3,180 | 1,976 | 960,000 | 7,160 | 阿拉伯海 | 中國、印度、巴基斯坦 |
| 14　科羅拉多河 | 2,333 | 1,450 | 390,000 | 1,200 | 加利福尼亞灣 | 墨西哥、美國 |

表1.3　各國河流長度列表（參考文獻2）

　　第二個例子關乎亞洲多國於湄公河上建立水力發電廠的計劃。目前湄公河流域已興建了十道大壩，還有其他大壩正在建造或規劃中。這些大壩能進行水力發電，對經濟發展很有幫助，還能滿足某些國家的供水及航運需求，但這些大壩對環境、當地下游國家的漁業，及數百萬人口的傳統生活形態卻是一場災難。世界水壩委員會針對這個案例，整合了各個國家的需求，歸納了這些國家的成功與失敗之處。當時，我在科羅拉多州立大學（Colorado State University）擔任教授，幾十年前也曾參與寮國一道大壩的環境影響評估。

　　第三個例子是美國重要的水資源契約。我討論的不只是科羅拉多河（Colorado River）上下游州份之間的衝突，也討論下游河岸各州之間的衝突。在這個案例中，河岸各州的用水抗爭還訴諸了法律程序。

　　1960 年後期，我還在科羅拉多州立大學任教時，曾對科羅拉多州州長提交一份建議書，內容是依據第一代《科羅拉多河合約》撰寫，目的是增進科羅拉多河上游各州的利益。《科羅拉多河合約》後來也針對各種不同的缺失進行修改。

## （1）印度與巴基斯坦的水資源衝突

　　英國於 1947 年撤出印度後，印度被分割為兩個國家：印度和巴基斯坦。除了喀什米爾爭端外，印度河水源分配亦引發了印度和巴基斯坦之間的衝突。印度河起源於西藏、中國大陸、喜馬拉雅山與查謨 - 喀什米爾邦，也是巴基斯坦唯一一條大型河川，如圖 1.1 所示。

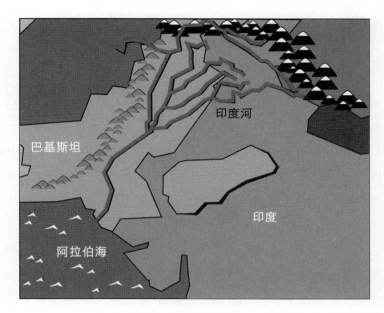

圖1.1　印度河流域

　　印度河有 74% 屬於巴基斯坦，曾幾何時，印度河流域只有狹長的兩岸屬灌溉土地，經過近幾世紀的發展，現在印度河流域建構了廣大的渠道網絡及儲水設施，為超過 11 萬平方米之農業用地供應灌溉用水，這也是目前世界上最大的灌溉面積。於喀什米爾，印度在印度河流域的幾個主要支流上興建了水壩。

　　在印度和巴基斯坦分家的第一年，國際領土協議在 1948 年 5 月劃分印度河。該協議要求印度為巴基斯坦提供足夠的流域，且直到缺水問題有辦法解決前，巴基斯坦政府每年將向印度支付一筆為數不少的金額。不過在 1951 年前，雙方不再召開會議，而情況似乎爭持不下。巴基斯坦媒體要求更進取的議案，然而印度卻不為所動。後來，巴基斯坦想將議題呈上國際法庭，但遭印度拒絕，並辯稱這項衝突只需雙方決議。

在許多西方國家的支持下，巴基斯坦政府獲得一筆資金，以建造水壩來發展水資源，並修建大量灌溉渠道，供應當地的農業用水。

1961 年我於加州大學柏克萊分校（University of California, Berkeley）畢業後，便到芝加哥的哈察顧問工程公司工作，主要負責巴基斯坦在印度河流域的一些供水發展項目。我與許多同事共同設計並檢視當地的曼格拉壩、塔貝拉壩和許多灌溉渠道。

2011 年，美國參議院外交關係委員會發表了一份報告，指出印度於不同階段建造了 33 座大壩。一連串的儲水累積效應可能嚴重限制巴基斯坦的供水，在農耕季節尤其關鍵。其中最具爭議的是印度河主要支流吉申根加河（Kishanganga River）上興建的 33 萬千瓦特水力發電廠。

印度和巴基斯坦長期衝突，以核威脅互相牽制，喀什米爾仍處於戰爭邊緣，問題至今仍未能解決。

## (2) 湄公河流域的供水、漁業和生態問題

湄公河是亞洲南部極其重要的河川，它起源於中國，流經緬甸、寮國、泰國、柬埔寨，並由越南流入中國南海，如圖 1.2 所示。

圖1.2　湄公河

　　湄公河被分為兩個部分。上湄公河位於中國雲南省，佔湄公河總面積的 24%，並分流出 20% 的流量。這個地區的河川流域狹長而且陡峭，沖蝕現象劇烈，有強大的水力發電潛能，因此中國在上湄公河大規模發展水力發電及供水設施，佔地超過 1,000 平方公里。下湄公河從中國雲南省流到中國南海，沿途經過緬甸、寮國、泰國、柬埔寨及越南。1995 年，除了緬甸之外的其他四個國家設立了湄公河委員會（Mekong River Commission），以管理及協調湄公河的水資源運用。到 1996 年，中國和緬甸成為湄公河委員會的 "對話夥伴"，所以目前六國都有為這個合作組織出力。

湄公河的旱季和雨季流量差別很大。激流和瀑布在湄公河下游干擾船隻通航，不過湄公河仍是中國雲南出海的主要水路，壩體更對航行有幫助。然而它們對漁業及環境卻帶來了負面影響。

湄公河有超過 1,000 種魚類，八成柬埔寨人口以捕撈和加工魚類產品維生。在湄公河下游流域的寮國、越南、柬埔寨，近 6,000 萬人於湄公河和沼澤獲取魚類資源，魚類年捕獲量約為 200 萬噸。

1970 年前，科羅拉多州立大學工學院副院長賽門斯博士（D. B. Simons）給我的第一份有關跨國河川的顧問工作，便是為寮國湄公河主流段的大壩進行環境影響評估。而 40 多年後，《紐約時報》（New York Times）於 2012 年 11 月 7 日仍在討論寮國湄公河上的大壩建設對環境帶來的負面影響。一如《紐約時報》所言，雖然壩體位於寮國境內，但湄公河在注入中國南海前流經許多其他國家，湄公河的下游國家亦曾於 1995 年簽署一份協議，聲明在河上興建大型水工結構物前，須諮詢其他國家。

環保人士也提出一個慘痛的先例：泰國東北部的城門河在約 20 年前興建了一座大壩，導致河裏 265 種生物中多達三分之二滅絕。上文介紹由四國組成的湄公河委員會，其首席執行官漢斯・古特曼（Hans Guttman）指出，寮國應提出幾項壩體改善建議來平息爭論，包括將沉澱雜質沖刷至下游的系統，以及建立一個有助

魚羣穿越壩體到達產卵處的改良式 "魚梯"，但寮國政府仍未針對
壩體提出改善藍圖。古特曼更說："在我們尚未注意到這個問題
時，很多工程就已經啟動了。"執行這項建設計劃的泰國公司 C.
H. Karnchang，過去在這個偏遠的區域建造了聯外道路，運送工
程所需的設備。這是一個正在當下發生的典型案例。與此同時，
中國政府也藉着在湄公河上游興建大壩，來開發中國西南方的水
資源與電力。如何確保這些即將建成的大壩能使河流情況穩定而
又不損害漁業，將是湄公河下游甚具挑戰的任務。

　　希望這個地區和平長存。各國或許可以尋求一套適當方案運
作這些上游的大壩，以確保下游居民獲得水資源，河水至少能維
持在自然狀況下的流量，對於魚類跨越壩體的洄游（Migration）也
要有因應對策。2013 年 1 月 2 日《紐約時報》亦有另文討論湄公
河上的大壩建設。

## （3）美國西部的科羅拉多河流域

　　科羅拉多河是美國西部的主要河川，也是我所見識過最壯麗
的河川。亞利桑那州的灌溉活動及加州人口高速增長，導致科羅
拉多河下游的用水量大增。科羅拉多河起源於中部的洛磯山脈，
沿途經過猶他州的拱門國家公園（Arches National Park）、峽谷
地國家公園（Canyon National Park）及亞利桑那州的大峽谷國家
公園（Grand Canyon National Park），最終流經加州後，注入加
利福尼亞灣再流入墨西哥。美國原住民至少在 8,000 年前已開始
在這個流域居住。歐洲人第一次到來是 1500 年，但這個流域一

直到 1869 年美國地理學家約翰·威斯利·鮑威爾（John Wesley
Powell）乘船穿越形形色色的急流後，才為大眾所認識。這個流域
大部分的工程都是從 20 世紀開始建造。

　　以下談談科羅拉多河面對的一些複雜水資源衝突。

　　由於科羅拉多河下游一直有洪水威脅的隱憂，永久治洪計劃
如蓄水水庫或壩體的需求因而日益增加，而且建壩也可以確保加
州因皮里爾谷（Imperial Valley）的農業用水由美國境內的運河全
權供應，不用受制於墨西哥。在 1919 年前，因皮里爾灌溉區得到
美國墾務局（Bureau of Reclamation）支持，於科羅拉多河流域着
手興建早期的蓄水水庫。

　　儘管這個消息受到科羅拉多河下游羣眾的熱烈響應，但上游
地區的居民卻視它為隱憂，因為美國西部大多數州郡的水權是依
據一項簡單的法則決定，就是誰能先用到水，誰就可以擁有那些
水的水權。在 1921 年，美國最高法院決議這種所謂"先搶先贏"
的法則可引伸至跨區域執行。於是，科羅拉多州、猶他州、新墨
西哥州和懷俄明州都擔心加州、亞利桑那州甚至內華達州會因迅
速建設水庫而獲得河川水的優先使用權。這個衝突在胡佛水壩建
造時最為激烈。此建築物預計設於科羅拉多州，用以控制洪水，
並形成一個數百公尺深、數百公里長的湖泊。加州提出強烈訴求，
指這道壩與下游約 200 公里處的帕克水庫（Parker Dam）能儲水並
送往南方，為加州的重要區域供水。胡佛水壩形成的湖泊將會產
生電力，可讓水資源穿越山脈，同時為較遙遠的城市提供電力。
除此之外，這個提案也指出，在科羅拉多河進入墨西哥前，水會改

道進入一條全新的"美國境內"運河，供因皮里爾地區灌溉之用。
這些內容一併匯編進胡佛水壩計劃法案，於 1922 年送交美國國會
審理，但這項法案直到將近七年後才獲通過。

　　從 1918 年到 1921 年間，科羅拉多河上游及下游各州一直無
法弭平歧見，各州都企圖就科羅拉多河的用水建立自己的規範標
準。與此同時，加州要求興建大壩，但上游州份鄭重宣告會在美
國國會阻撓這項法案，直到各州確立其河川用水量。

　　為了化解各州的疑慮，西南方聯盟（The League of the Southwest）
於 1919 年設立，促使科羅拉多河能有條理地發展並公平分配水資
源。

　　經過多次的會議與協商，最終的協定契約《科羅拉多河公約》
（Colorado River Compact）於 1922 年 11 月 24 日在新墨西哥州的
聖大非（Santa Fe）簽訂。

　　這道公約將流域分成兩個部分：上游區（包括科羅拉多州、
新墨西哥州、猶他州和懷俄明州）及下游區（包括內華達州、亞利
桑那州和加州）。這道公約要求在任何連續的十年內，上游區和下
游區平均每年各獲分配 7,500 萬英畝 - 呎（每年 30,000 平方公里 -
呎，相當於每秒 289 立方米）的水量。那是粗略分析過去的降雨形
態後，估計兩區所能分配的水量。

　　此公約讓美國墾務局在西南方的廣大灌溉區，和聯邦政府
隨後的水資源發展計劃得以施工，當中包括胡佛水壩及鮑威爾湖
（Lake Powell）。此公約還有一項重要條款，就是在 1923 年前要
獲流域內七個州的州議會認可，但亞利桑那州拒絕遵守這個協議，

公約因此宣告無效。

經過各州的進一步協商，更改水資源分配後，美國參議院終於在 1928 年 12 月 14 日通過美國墾務局的胡佛水壩與鮑威爾湖提案，白宮也迅速配合，於 12 月 21 日由柯立芝總統（President Calvin Coolidge）宣讀通過。

高 221.4 米的混凝土拱壩——胡佛水壩於 1935 年在內華達州博爾德城（Boulder City）竣工。胡佛水壩的水庫——米德湖（Lake Mead）所提供的水資源及水力發電，讓拉斯維加斯賭城逐漸發展起來。米德湖位於大峽谷國家公園的下游端。1966 年，另一座高 220 米的混凝土拱壩——格倫峽谷大壩（Glen Canyon Dam）於大峽谷國家公園上游約 130 公里處建成，鮑威爾湖則是格倫峽谷大壩的水庫。

科羅拉多河流經八個州份，這些州份皆需河水來滿足農業、民生和其他需要。在 1956 年的部分決議內容及隨後的幾次會議，國會批准建造各種輸水設施，以滿足城市、工業及農業用水需求。這些主要水壩皆提供水力發電，是項供水與供電合一的計劃，為西部各州的居民帶來莫大益處。而 1956 年的決議也批准建造科羅拉多河上游及其支流的四個主要蓄水水壩，包括位於亞利桑那州及猶他州邊界之科羅拉多河主流的格倫峽谷大壩、位於新墨西哥聖胡安河（San Juan River）的納瓦霍水壩（Navajo Dam）、位於猶他州及懷俄明州邊界之格林河（Green River）的火焰峽谷水壩（Flaming Gorge Dam），以及由科羅拉多甘尼森河（Gunnison River）的布魯梅薩壩（Blue Mesa Dam）、莫羅波因特壩（Morrow

Point Dam）及克里斯特壩（Crystal Dam）三座水壩及水庫所組成的 Wayne N. Aspinall Storage Unit。

　　這些水壩和其他被審定為能於冬季蓄水的水壩，在旱季時可作為缺水地區的水源，如此也能確保上游在流域開發並使用河水時，下游仍有充足的水資源可以應用。

　　1961 年，亞利桑那州完成一條渠道，從韋爾頓莫霍克谷（Wellton-Mohawk Valley）排出日益增加的鹽水。但此渠道將水傾倒於科羅拉多河下游，及美國河水流域下游端和墨西哥流域上游處。河川的鹽度因而急遽增加，導致墨西哥痛失幾千畝農作物。雖然美國指出兩國簽訂的條約並未對水質有所規範，但兩國仍開始協商。1965 年，美國同意建造一條新的排水渠道，可將韋爾頓莫霍克的水帶到國界。在國界，墨西哥可將鹽度較高的水釋放到加利福尼亞灣，而鹽度較低的水則讓其流入河流。然而，此解決方法被證實並不適當。八年後，美國尼克遜總統（President Richard Nixon）才向墨西哥承諾運送水質達標的水供其使用。

　　1960 年代後期為符合水質要求，我在華盛頓接到美國內政部一項探討科羅拉多河上游及下游流域鹽度分佈的研究計劃。幾位科羅拉多州立大學地質系及土木系畢業的學生和我組成研究團隊，透過飛機航行，研究並蒐集科羅多拉河上游及下游水流與鹽度資料。大峽谷那一段是一趟令人興奮且景色壯觀的飛行旅程。土木系學生通常較喜歡待在辦公室使用電腦，而地質系學生則喜歡到野地去蒐集數據。最終，我有幸找到從地質系畢業的夫婦助我蒐集野地資料。

　　水資源衝突並不限於在科羅拉多河上游及下游州份發生，
1963 年 6 月 3 日也於科羅拉多州下方的亞利桑那州及加州發生。
美國最高法院以 5 比 3 的比數，在吉拉水資源方面支持亞利桑那
州的立場，並限制加州一年用水量不得超過 440 萬英畝 - 呎，裁決
對亞利桑那州有利。然而，法院同意加州對“尚未利用的水權”的
闡述，確保其仍可使用 50% 的水量。

　　接下來的幾年，還有一連串行動：（1）1970 年科羅拉多儲水
計劃（Colorado River Storage Project, CRSP）容許水庫蓄存水，
並賦予鮑威爾湖放水優先權；（2）在 1972 年授權美國環境保護局
（U.S. Environmental Protection Agency）控管水源。

　　1980 年前，我還在科羅拉多州立大學任教時，得到科羅拉多
州州長授權，邀請我調查十年間科羅拉多河上游流域給下游流域
提供每年 9.3 立方公里的水，究竟有多大的彈性空間。這是 1922
年《科羅拉多河公約》指定科羅拉多河上游流域必須提供給下游流
域的流量。

　　首先，我用“樹木年輪分析”擴大科羅拉多河及格林河的流量
數據至超過 1,000 年。樹木年輪分析的基本假設，為一棵老樹的
年輪生長與該年的濕度增長成比例。憑這 1,000 多年的數據，我
推算出科羅拉多河上游流域至下游流域的流量。

　　我之後用風險分析來擬定我的計劃：（1）在高流量年，多輸水
到下游；（2）在低流量年，則多於上游儲水，藉此滿足《科羅拉多
河公約》在 1922 年指定的任何連續的十年內，科羅拉多河及格林
河提供給科羅拉多河上游流域和下游流域的流量，即十年總共 93

立方公里的水量。科羅拉多州州長得到這項資訊後非常高興，因為他可以用這項計劃為基礎，跟科羅拉多河下游州份進行談判。

幾個月後，我接到洛杉磯加州大學（University of California, Los Angeles）一位教授的電話，他問我如何僅用 2 萬美元的補助金完成這樣複雜的分析。我回答說：這 2 萬元全數歸予研究生，我指導此項研究分毫不取。

科羅拉多河的現行法規，並沒有科羅拉多河及格林河這兩條河川流往科羅拉多河上游流域和下游流域的十年流量數據。但因近期水文資料指出，科羅拉多河上游流域至下游流域的流量，比 1922 年之前要少得多，所以接下來的水資源分配會按以下規則作出修改：

A) 水源輕度短缺時，當湖的平均水位在 320 米至 328 米之間，每年將會有約 8.8 立方公里的水輸至下游流域的州份。當中 5.4 立方公里輸送至加州，3.06 立方公里輸送至亞利桑那州，0.354 立方公里輸送至內華達州。

B) 水源重度短缺時，當湖的平均水位在 312 米至 320 米之間，每年將會有約 8.7 立方公里的水輸至下游流域的州份，當中 5.4 立方公里輸送至加州，3 立方公里輸送至亞利桑那州，0.349 立方公里輸送至內華達州。

C) 水源極度短缺時，在現行法規所列的最嚴重狀況，當湖的平均水位低於 312 米時，每年將會有約 8.1 立方公里的水輸至下游流域的州份，當中 4.9 立方公里輸送至加州，2.86 立方公里輸送至亞利桑那州，0.35 立方公里輸送至內華達州。

　　在任何時候，我們必須根據美國墨西哥條約提供良好用水到墨西哥。

　　在 21 世紀，科羅拉多河水的用戶將面對各式各樣的挑戰，由於西部各州的水需求量增長驚人，各州將仍需為水質及水量政策繼續努力。

# 第 *2* 章 │ 洪水和乾旱治理

朋友常問我：我們為防範洪水和乾旱已花了不少金錢，到底能解決這些問題嗎？解決這些問題的當前知識水平是怎樣的？未來有甚麼發展方向？

## 2.1　洪水概述

中國人重"金木水火土"五行，而中國人最需要處理的，是土地和水。水充滿變數，且會造成很多問題，水太多會帶來洪水，缺少雨水則會造成乾旱。

人總是離不開水和土地，各大文明均在大河流域發源，而隨着人口漸增，土地不足，便要與河流爭地。美國密西西比河（Mississippi River）便是一個很好的例子，為了增加城市用地而興建了大量的堤防設施，局限了水面寬度，並同時增加水深以利航行。

此外，大量泥砂沉積在河底，也會增加洪水水位，造成極大損害。黃河便有大量泥砂沉積在河床的問題。近年，我參與研究密西西比河的泥砂問題，這將在第 5 章簡述，屆時我還會比較中美的河流開發概況。本章則主要討論洪水和乾旱治理。

## 2.2　洪水的種類

洪水發生，是源於河流流量超過其攜帶流量的能力，因而溢淹河岸，為周遭地區造成災害。最常見的天然洪水主要源於豪雨或大量融雪。

在亞洲一些地區，洪水發生在低海拔而平坦的陸地表面，且難以把洪水流量從市中心排至海洋。以下提出三個例子：(1) 2010 年的泰國洪水事件；(2) 2011 年和 2013 年菲律賓馬尼拉的颱風；以及 (3) 幾乎每年發生水患的孟加拉，水災頻仍主要因為孟加拉的陸地低於海平面約 10 米。

2000 年初，世界銀行邀請我去孟加拉研究防洪措施。孟加拉的沿海地區常因颱風引發的暴潮而面臨水災，對當地人民的性命和財產造成威脅。颱風通常在每年的 4 月至 11 月來臨。為保護市區，當地某些城市也在河岸設立了堤防。不過，我並沒有參與泰國和馬尼拉因應颱風的防洪計劃。

美國東部於 2012 年 11 月發生的水災也是源於颱風。當時大西洋海面上形成了超級颱風"桑迪"（Hurricane Sandy），席捲美國東部，估計造成數十億美元的損失。2013 年 1 月，美國國會通過二次桑迪颱風援助法案。

當我還在加州大學任教時，有時在大型洪災發生後會接到一些美國與加拿大的媒體來電，詢問洪災成因。可是由於我並沒有對此類事件進行過深入研究，因此我的標準答案總是：“豪雨”。

超滲降雨（Rainfall Excess）或上游帶來大量的流量，都是造成都市洪澇的直接原因。有時候可能是水泵故障，通常是因為非法傾倒的異物阻塞了排洪設施。此外，都市化嚴重和鬆散的法規，導致平原上豎立了許多高樓大廈，然而雨水排放系統卻不足，也是洪澇的罪魁禍首。要解決這些洪水，可能需要把都市洪水管理策略與適當的排水系統相結合。

有時候，洪水發生的原因是人類在都市規劃的排洪河道內非法建設。舉例來說，我曾經參與台灣某大城市的防洪計劃，政府在河岸兩側建造了兩面有閘門的防洪牆，以保護牆外的市民，並限制牆內洪汜區內的非法建設。這些閘門必須在洪水期間關閉，避免洪水汜濫至防洪牆外側，但遺憾的是牆內洪汜區的非法建設仍屢見不鮮，使洪水來臨前的疏散避難策略難以執行。前幾年，我從《中國時報》得知該座城市的兩面防洪牆內，有許多土地利用不當的情況出現，有些居民甚至在洪水來臨時，站在部分閘門下方以阻止閘門關閉，結果洪水蔓延至洪汜區之外，造成嚴重災害。這是一個限制防洪牆內洪汜區發展的社會政治問題。

海嘯也會在某些沿岸地區引發洪水，例如日本、泰國、印度以及美國。海嘯的成因不外乎是海底地震令海面受到激烈擾動。海嘯所傳遞的巨濤甚至可以橫越太平洋約 1,000 英里（1,600 公里），並對其他海岸造成威脅。由於海嘯源自地震，我們只有做好警示系統，而現在的預警系統已經相當完善。因為我們不能準確預測海嘯的路徑，也不能肯定它會在哪裏登陸，所以不能建造高聲的牆來保護陸地或沙灘。

　　水災也有可能源於上游水庫蓄意或無意排放過量的水。舉例來說，有時候較小的水庫（通常由地方政府管理）會於洪水來臨前放水，以便在洪水發生時增加水庫的入流容量。可是颱風不一定會發生，於是這類水災被當地居民稱為"政府水患"。事實上，只要加高下游的防洪牆，提升下游河川的輸水能力，便能紓緩上游水庫所排放的水量，避免洪澇。現在這類"政府水患"已經很少見了。

## 2.3　聖嬰和反聖嬰現象

　　水災和旱災經常受聖嬰和反聖嬰現象影響，至今我們仍然不了解聖嬰和反聖嬰現象的成因。

　　El Niño 是西班牙文"上帝之子"的意思。一羣漁夫在靠近秘魯和厄瓜多爾的太平洋，發現在聖誕節前後的連續幾個月，附近海域會發生周期性溫暖洋流的現象，並將之命名為 El Niño。在這段期間，漁民收穫大減，因為魚類不喜歡溫暖的水。其實自 1600 年以來，便一直有人研究這些海洋環流。到 19 世紀，一位英國學者吉爾伯特・沃克（Gilbert Walker）確定此氣候循環的變化屬於"南方振盪"（Southern Oscillation）。然而經過大量研究調查，我們仍然無法準確推算聖嬰與反聖嬰現象的周期。反聖嬰（La Niña，或稱拉尼娜現象）則是指太平洋中至東部海水異常變冷的情形。目前科羅拉多州大學威廉・格雷（William Grey）教授（曾是我的網球夥伴）的團隊正在進行太平洋的聖嬰與反聖嬰研究。

這些異常的洋流在赤道附近的國家，如印度和秘魯造成異常的氣象，引發洪水和乾旱。

美國國家海洋和大氣管理局（National Oceanic and Atmospheric Administration, NOAA）宣佈美國國家氣象局、加拿大氣象局和墨西哥國家氣象局已為聖嬰現象和反聖嬰現象的發生指標與定義達成共識，敍述如下：

聖嬰現象的指標為赤道太平洋附近（Niño 3、4 區；西經 120°~ 170°，北緯 5°~ 南緯 5°）的三個月平均海溫比平均值（1971~2000 年）高 0.5 ℃（0.9 ℉）。此熱帶太平洋區域被科學家稱為 "赤道冷舌"（Cold Tongue）。正常來説，從南美沿海到中太平洋的湧升流將冷水帶到海表面，會令海面的溫度降低。這一區的平均海面溫度若偏離平均值，將對熱帶地區的降雨型態造成重大影響。

反聖嬰現象的指標與聖嬰相對，是赤道太平洋的三個月平均海面溫度比平均值（1971~2000 年）低 0.5 ℃（0.9 ℉）。聖嬰與反聖嬰現象的起因仍然未明，但有證據顯示聖嬰現象越趨頻繁。（資料來源：NOAA News Online, Feb 23, 2005）

## 2.4　全球暖化

近年全球氣候暖化，令旱災的規模預測變得更加複雜。全球暖化有越趨嚴重的跡象，它到底是源於自然界的正常盪邅還是人類活動，至今仍有爭議。全球暖化最強而有力的證據是：(1) 許多地方（例如北極、阿拉斯加等地）的冰河明顯溶化；(2) 在 1975 年到 2008 年的 33 年間，海水平均溫度上升約 2 ℃；(3) 過去 10

年，低層大氣的二氧化碳濃度上升，那確實會影響溫室效應的程度，也很可能造成暖化現象。

根據觀測成果推斷，全球暖化至少早於 30~50 年之前已開始發生。現在一些國家已開始限制向大氣排放二氧化碳。然而，由於數據的空間覆蓋面有限且周期較短，未來全球暖化的趨勢仍是難以預測。暖化可能屬於長時間周期的震盪，但數據未能證明。另外，也不能斷定人類活動會造成多少暖化的趨勢。

## 2.5　洪水和土石流

某些最容易引發土石流的自然條件可見於台灣、日本、菲律賓、中國等亞洲地區。2014 年在美國華盛頓州也發生一次相當大型的土石流。

大型土石流通常發生在降雨非常密集的陡峭山區。頻繁的地震也會增加土石流的發生次數。由於低海拔或坡度平緩的土地不足，越來越多人在陡坡或地質不穩的地區居住，也因此會面臨更大的洪水和土石流威脅。

因為土石流的時間周期很短，當土石流發生時，警示系統未必來得及通知人民疏散。而且，預測土石流極為困難。良好的土石流調查講求氣象和水文知識，包括降雨事件、土壤力學、地質工程、土壤運動、植被強度和地質物理學。也許我們能藉由調查實際土石流事件的種類與區域，以加強土石流的知識，並利用土壤凝聚力等各種辦法，減少土石流帶來的損失。

研究土石流有以下三個方向：(1) 土石流的起動；(2) 土石流

的特性；（3）削減土石流的災害。由於土石流屬於重要議題，有許多大型國際會議都是針對此一議題而召開。台灣中興大學的謝豪榮教授在 1997 年台北第一屆國際土石流會議中，概述了各種土石流的防治方法。台灣成功大學的詹錢登教授，在由台灣科技圖書於 2000 年出版的《土石流概論》一書中，分析了土石流的成因，並介紹了一些防治對策。

## 2.6　美國洪水處理方案的案例

　　數十年來，大多數政府機構已付出許多努力保護人民和財產免於洪水災害。然而，礙於人力和資源所限，總無法在世界各地都全面實施防洪政策。縱然如此，在過去數十年，美國的防洪方案已從單純防洪，迅速地演進為更全面的洪水處理方案。

　　從前，防洪計劃主要是以工程方法控制洪水流量。不幸的是，一來洪水與乾旱所帶來的傷害程度難以預測，二來人們的活動範圍太過廣泛，使政府難以有限資源來控制帶來如此深遠影響的洪水。因此，美國政府採用了全面性的洪水管理和處理方案，以各方面的考量解決洪水問題。換句話說，政府將會力圖從以下方面解決問題：

　　（1）改進洪水預警機制，並把洪水控制到某種程度；

　　（2）改善人類在洪水期間的疏散路線；

　　（3）鼓勵使用結構物來減少洪水災害；

　　（4）加強執法，防止洪氾區等地的發展。

　　歸根究底，一項全面性的計劃必須在技術上合理、經濟上可行、社會上接受和環境上相容。

　　以下案例是加州政府的洪水控制政策與步驟。我曾參與目前仍在進行的加州薩克拉門托－聖華金河（Sacramento-San Joaquin River）綜合型研究，這項研究是由美國陸軍工兵團（United States Army Corps of Engineers, USACE）及加州水資源部（California Department of Water Resources）聯合開發。洪水管理政策如下：

- 公眾安全是洪水處理系統的主要目的；
- 促進有效的洪水處理；
- 加強保護農業和開放空間；
- 避免水力和水文的影響（我偏好 "盡量減少水力和水文的不利影響" 的說法）；
- 規劃系統的運載能力必須兼容所有預定用途；
- 保持連續的輸砂（我偏好 "對水流穩定性和輸砂的行為有足夠考慮" 的說法）；
- 以生態系的角度來復育及維持洪氾區走廊的健康、生產力和多樣性；
- 最佳化使用現有設施；
- 整合海灣三角洲（此區是薩克拉門托河和聖華金河的匯流處）的計劃與其他計劃；
- 促進多目標計劃，以加強洪水管理和生態系統的復育。

　　上述準則只是一例，不同國家也許需要制定不同的準則。

　　在美國，一套全面性的洪水管理計劃，通常是由美國陸軍工兵團與其他聯邦機構和地方機構合作開發，並由學者專家和私人公司擔任顧問工作。在洪水期間則由各個負責機構執行防洪設施的運作。通常由當地公路部門、警察和各聯邦機構進行交通管制及人羣疏散。美國聯邦緊急管理總署亦有防洪減災，包括聯邦洪水保險管理的責任。美國政府採取了下列步驟以制定洪水控制計劃：

## (1) 洪水處理計劃的發展

- 確定計劃的需求；
- 對計劃進行初步規劃；
- 舉行公開聽證會，以吸納地方和環保團體的意見；
- 獲得聯邦和地方資金（通常 50% 來自聯邦政府，50% 來自地方團體）；
- 舉辦額外的公共研討會，完成最後規劃。

## (2) 洪水處理的運作與減災

- 洪水預報；
- 進行洪水預警和交通管制；
- 啟動防洪設施以及減洪設備，包括水庫操作、臨時防洪堤和沙包；
- 藉道路、空運和船隻疏散民眾至臨時避難所；
- 確認橋樑和其他構造物的穩定性；

- 預估洪水的破壞,並訂定重建的優先次序;
- 獲得可靠的財政支持,以進行重建和其他減災活動;
- 在美國,聯邦保險的管理主要由美國聯邦緊急事務管理總署(Federal Emergency Management Agency, FEMA)制定。除非該社區採用和執行洪氾區的管理標準,否則禁止某些地區的業主提供洪水保險,這是一項非常重要的規則。

## (3) 洪水管理的訊息可由政府向市民提供

- 洪氾區的繪製;
- 土石流和山崩的高危區域;
- 政府保險政策;
- 政府計劃和補助的洪水管理活動;
- 減災計劃,包含不同地區的疏散計劃(預警系統、臨時避難所和交通控制);
- 洪水管理及減災措施的宣傳;
- 政府幫助災民的計劃。

## 2.7　美國水利工程的設計標準

現今美國聯邦政府建議以"標準計劃洪水"(Standard Project Flood, SPF)作為水利工程的設計標準。但這個概念並不清晰,因為沒有詳細定義何謂 SPF。對大型水庫而言,這項建議中的 SPF 是指能保護下游城市平均 1,000 年至 5,000 年間發生一次的巨型洪水,或是重複出現的、期距為 1,000 年至 5,000 年的最大可能洪水。

　　如果當地河流沒有水庫，美國加州只以 10 年、20 年甚至 100 年一現的洪水為目標，以保護大中小的河川系統。若當地河流設有水庫，建議保護標準將要大為提高。防護標準應取決於：如果大壩失效所引致的災害程度，例如能針對超過 200 年，甚至是採用 1,000 年才發生一次的洪水設計值。

　　美國政府通常建議以"對數皮爾森第三型統計分佈"（Log-Pearson Type III Distribution）來推算各地區的洪水。使用此分佈的優點，在於能用更多係數來調整數據，以增加可用性（可參閱 1987 年美國水資源理事會 17B 公告）。比較可惜的是根據這分佈，美國某些地區的洪水強度與發生次數呈現負偏態，而且這種負偏態的結果似乎不怎麼合理。

　　現今推估洪水的方法有四種。第一種方法是以統計分析所蒐集的降雨和流量資料來推估洪水，如果流域內沒有足夠的數據，則可使用相鄰的一個或多個流域的數據；第二種方法是將氣候相似的流域的資料予以轉換，例如美國南部某些州份的洪水保護計劃，數據都是按巴拿馬運河的極端降雨量加以轉換。當然，問題的癥結是如何定義"類似的氣候區"。第三種方法是根據目前估算的雲中含水量，並假定當中不超過 50% 的含水量會透過降雨或降雪到地面，以決定最大的洪水。第四種方法是利用參數，以皮爾森第三型統計分佈，就美國地質調查局所建議的特定地區作推算。第一和第二種方法利用之前的流量資料，第三和第四種方式則使用雨量數據並透過降雨逕流（Stormwater Runoff）分析以取得洪峰流量。

在美國和世界上大部分國家，任何水利工程都必須滿足以下
四項準則：

(1)  工程方面必須健全；

(2)  經濟方面必須可行；

(3)  必須與環境保持和諧；

(4)  社會和政治上可以接受。

換句話説，從上述四種方法分別計算洪水大小後，工程師會
從工程面、經濟面、環境面、社會面以及政治面作考慮，並決定
所謂的“標準計劃洪水”(SPF) 的值，作為此項工程所推估的洪水
流量。不幸的是，政治通常是最重要的考慮因素。

我曾應核能工業的邀請，參加一場討論極端氣候的會議。會
議向與會者提出了一項假想計劃 —— 在美國從未發生地震的地點
建造核電廠。在場每一位都被問到：核電廠需要何種級別的地震
保護程度。我們將各種想法提交會議主席，主席指出各人想法之
差異。其中一位建議應以高強度地震等級作為保護標準（比發生
過的最大規模地震還要高），那時他被問到理由為何，他的答案相
當簡單：任何人都不能保證那裏不會發生此種程度的地震。經過
此一提問，許多地震學家紛紛祝賀水文人員，因為水文研究有大
量數據分析，而地震的相關數據則非常少。

## 2.8  美國國會任命的委員會對洪水處理的改變

1993 年，美國密西西比河發生一次大洪水，洪水過後美國國

會撥款研究以前處理洪水的方法，或水工結構物是否需要加以改良。他們成立了一個 12 人的委員會，當中有 5 位是工程師，我是其中一位，有 4 位是生物及生態專家，有 2 位是管理專家，還有 1 位是委員會主席，他本身是律師。在美國律師最重要，因為所撰寫的報告一定要在法律上站得住腳，所以由律師擔任委員會主席。關於處理洪水的方法，委員會花了超過一年時間才完成各種分析。

## 委員會的建議

　　規模越來越大的洪水頻頻發生，那不可能全是全球暖化所導致的，洪災的增加也有可能是人類擴大活動範圍的結果。泰國曼谷早前的洪災，部分成因便是都市擴張令區域排水系統難以完全發揮效用。無論如何，政府難以承擔所有洪水相關的保護工作和損失，因此對美國洪水政策的委員會而言，最重要的改變是重新定義政府就各種洪水規模所需承擔對於保護當地居民的責任。換言之，美國政府不會試圖保護所有洪水災情，但會提供一定程度上的防洪保護以緩解洪災。然而，在任何情況下，人類性命必須保護。此外，與先前政府宣稱防洪工程不會失敗的敍述有別，現在所有的政府防洪結構都會有一定程度的失敗可能性。

　　美國國會所任命的委員會建議合理劃分防洪工作，並改善洪水預警系統、洪水疏散過程、防洪量測和防洪分區的工作等，但重點在於保護人的生命，這些保護措施必須確保沒有人命損失。若洪水發生頻率特高，便鼓勵購買私人保險，即使一旦發生水災，也可獲得賠償。

　　美國剛建國時，地方政府沒有足夠經費，大型工程都要聯邦政府出資。到後來每當地方政府缺乏資金，也是由聯邦政府支付80% 費用，地方政府負責 20%（地方政府包括市政府、省政府及私人機構）。現在聯邦政府的出資越來越少，若要防洪，聯邦政府只出 50%，地方要出 50%。若有更大型的洪水，聯邦政府則要求當地自行購買保險，可以考慮私人的保險公司或政府的保險公司。美國聯邦緊急事務管理總署（FEMA）一直承接此類保險，不過有些美國人也會投機取巧，當有洪水預報時就趕快去付保金，洪水不來就不付，所以剛開始時為了避免這類取巧行為，規定買淹水保險後五天內之淹水災害不予賠償。可是後來由於淹水預報越來越準確，就改成 30 天，也就是買淹水保險後 30 天內之淹水災害不予賠償。

## 風險分析

　　"合理的防洪標準"需要同時考慮現有財務資源，以及災害降臨時的可能損失。也就是說，我們要用"風險分析"來計算防洪的標準。在美國，現時是由美國陸軍工兵團負責洪災，因為美國往西邊拓展的時候，是憑陸軍工程團去為美國打天下，所以洪水一直由他們負責。陸軍工兵團也願意用風險分析的觀念來分析水的問題。關於風險分析的主要觀念，從前的說法是，所有水利工程都永遠不會損壞，但現在不這麼說了，現在所有水利工程都有可能被破壞，它們也面臨損壞的風險。我們現在面臨不同的風險，氣象有問題、水溫有問題、水流有問題、以砂跟土壤來做堤防也有可能會壞掉。因為存在很多不同的風險因素，我們應循着有風險的方向去考量，所以現在美國的水利工程都採用風險分析。

　　以前的習慣，是以增加"出水高"來保障安全，"出水高"是設計堤防時的一種安全係數，那是指堤防較預測的最高水位還多建了多少米。例如某些堤防的出水高是 1.5 米，但我們不知道增加 1.5 米的出水高，可降低多少風險及損失。學術研究都傾向採用風險分析，假設老是用安全係數（例如出水高），就沒有人真正知道增加出水高後，到底能降低多少風險和災害。

　　我們也應該比較工程造價與災難損失，就是說你花多少金錢會減少多少損失。一般而言，工程造價容易估算，但災難損失卻較難估計。像美國 911 事件中，紐約兩座大樓被炸，它的價值比較容易計算，但 911 事件對美國經濟的影響非常巨大，其損失難以估計。假設本來的防洪設計是預防 100 年一遇的災害，但現在我考慮預防 200 年一遇的，結果增加了一部分成本，但在損害方面減少很多，那就要比較 100 年防洪與 200 年防洪的成本效益了。因此，假若洪水保護標準要改變，新的"標準計劃洪水"就應該要比較工程設施的新增成本，以及減少洪災所帶來的邊際得益。

## 區域洪水管理措施

　　美國曾數度故意破壞某些上游農業地區的堤防，藉此讓洪水淹沒農地以保護下游的市區。舉例來說，好幾年前在密蘇里州聖路易斯市附近的上游農田，就曾被蓄意淹沒以保護聖路易斯市。當然，這是保護大都會區免被洪水侵襲的最後手段。

## 2.9　密西西比河的洪水管理實例

密西西比河在美國屬於較大的河系，也是長度排名世界第四的河流。它起源於明尼蘇達州，流經美國路易斯安那州與新奧爾良，於墨西哥灣出海，流長約 4,000 公里。密西西比河因為支流眾多，流域包括美國 31 個州和加拿大 2 個省。

美國原住民長期住在密西西比河與其支流沿岸。在 16 世紀，歐洲人來到美洲並改變了當地的生活方式，後來逐漸成為定居者與農民。這條河的淤泥厚厚沉積，使密西西比河流域成為該國最肥沃的農業區之一。由於密西西比河沿岸的城市、大型船隻與駁船大幅增加，20 世紀初期的十多年來，大規模的工程建設不絕如縷，例如堤防、水閘、大壩和諸項綜合型工程。

自流域興起了各種現代發展，密西西比州也察覺到污染與環境問題出現，最顯著是農業發展造成的大量農業徑流。

密西西比河分為上密西西比河、中密西西比河以及下密西西比河等三段。上密西西比河區由其源頭至密蘇里河（Missouri River）匯流處；中密西西比河區由該匯流口到俄亥俄河（Ohio River）與密西西比河的合流處；下密西西比河即由此合流處到墨西哥灣的出海口。

我在密西西比河三大區皆參與過一些工程計劃，包括改善密蘇里河上的大壩使河床退化的情形、讓俄亥俄河的攔河堰提高水位以利航行、研究阿查法拉亞河（Atchafalaya River）和密西西比河間的老河川控制系統（Old River Control）所造成的水流與輸砂運動。除了這三大任務，我亦曾擔任維克斯堡實驗中心（Vicksburg

Waterways Experiment Station）的顧問約四年。這個實驗中心是美國陸軍工兵團最大的研究站，我在這裏與研究員討論各項計劃方案。

　　密西西比河最特別的洪水管理計劃，在於處理河流與輸砂運動彼此的關聯性。一般而言，大型河川的自然坡度通常隨着與上源的距離而減少。河川流速會隨着坡度減弱而漸緩，輸砂能力也會降低，因為河川流速與輸砂能力有直接關係，當水流攜帶大量泥砂，而河川坡度又降低時，泥砂便會隨之沉降。當越來越多的泥砂沉積於河床，水位的高度漸漸會高於河岸，導致洪水發生。密西西比河下游端的新奧爾良市（New Orleans）的地面低於海平線，因此幾世紀前，工程師已經反對在新奧爾良發展城市。幸而阿查法拉亞河岸附近有一片相當大的濕地正積極開發為農地，此土地需要大量的土壤。現在我們試着透過“老河川控制系統”將較多的泥砂自密西西比河分流至阿查法拉亞河。這個方法能降低從老河川控制系統到密西西比河下游的底床泥砂的沉積速率，亦能減少新奧爾良的水患威脅。

　　我參與的便是密西西比河的老河川控制系統。當中我們利用兩條小河渠：一個新開發的洩水渠道（Outflow Channel）以及奧爾德河（Old River）。後者處於密西西比河下游的巴頓魯治（Baton Rouge）西北方 80 公里處，這也是新奧爾良市西北方約 200 公里。我們利用這兩條河渠，連接阿查法拉亞河和密西西比河，並將較多的泥砂從密西西比河分流至阿查拉法亞河。此控制系統亦包含雷德河（Red River）的部分水流。

## 2.10　洪水管理總結

　　我們為防範洪水和乾旱，已花了不少金錢，到底能解決這些問題嗎？解決這些問題的當前知識水平怎樣？未來有甚麼發展方向？

　　即使沒有全球暖化的影響，我們現在仍無法預測未來大型洪水發生的地點和規模。關於大氣運動與海洋環流，如太平洋的聖嬰與反聖嬰現象，尚有許多未知的部分需要釐清，因此目前我們仍處於觀察階段。

　　我第一個最直接的答案是：我們無法預測洪水的發生時間和大小。我們亦沒有資源去就洪水提供全面保護。政府只能在各地進行某種程度的防洪措施。

　　但是，我們首先必須減少洪水損失，特別要保障人命。我們必須把洪氾區繪製出來，告訴大眾高危洪水區的所在，也要控制高危洪水區裏的建築活動。政府將提高洪水預報，亦須於洪水期間為大眾作出更好的疏散規劃，並減少各種結構在洪災裏的損失，包括使用洪水保險等。然而，首要目標仍是在洪水期間保護人民的生命安全。

　　第二，我們要通過風險分析來管理洪水。以前我們聲稱所有的防洪構造都是安全的、不會失效，現在我們所述是所有洪水管理構造在超過某一程度的風險後就會發生洪災，我們必須不停檢查所有的防洪結構以減少失效的風險與成本。

　　第三，加強洪水預警系統，例如觀測海洋波浪運動的海嘯預警系統。現在我們希望能追蹤雲的移動，並輔以可靠的數值模式和衛星系統，以更準確預測實際的洪水時間。當然，若能加深了解大氣運動、海洋環流和全球暖化，未來對洪水強度和發生區域的預測也將更為完善。

第四，美國管理洪水的財務責任，將逐步從中央聯邦政府轉移至地方政府。美國起初沒有任何地方政府具備財務資源承擔防洪工程，因此聯邦政府為防洪結構的成本墊支了大量金錢。現在美國的防洪工程成本，幾乎由聯邦與各州政府均分。

美國的洪水保險計劃合理，我們不能讓當地區域不間斷地構建結構，讓中央政府支付所有洪災的損失。在另一方面，中央政府也應負責支持洪水保險費用。台灣政府亦正慎重考慮洪水保險的補助方案，也許其他亞洲國家將來也會順勢發展洪水保險。

最後，也是最重要的組成部分，是各地政府必須嚴格執行所有的洪水治理條例，以保護社會大眾，並嚴禁任何人阻斷防洪設施。

## 2.11　對亞洲國家有益之洪水管理措施

現今許多亞洲中央政府須承擔防洪計劃的經費，也須負擔災後的處理成本。也許再過不久，洪水保險政策就能通過了。那麼，當地政府將能重新考量各項防洪措施。通過保險政策的一個明顯優勢，是保費架構會按抗澇能力的高低予以調整，而且沒有洪水保險會保障非法洪氾區，洪氾區因此再沒有任何開發機會，然而，許多開發商會聘請説客勸阻此類保險。再者，政府有足夠的經費購買保險嗎？起初中央政府必須負擔所有保險費，然後地方政府再逐步承擔一些費用。為了通過保險公司的程序，政府亦必須做好統計工作，獲得相關數據，並結合許多其他資訊，以繪製出洪氾區。

由於洪水和旱災影響深遠，亞洲各國都為此制定了許多法令及政策，以下我引用台灣的資料來說明這些發展。

以下列出討論這個問題的兩篇優異論文，它們於 1998 年 12 月在台灣舉辦的"第四屆海峽兩岸水利科技交流研討會"中發表，分別是薛曙生、徐享崑所撰寫的〈洪水保險制度在台灣地區實施之可行性〉，以及林襟江、陳弘、薛曙生、張怡穎所撰寫的〈台灣地區洪水平原管理與非工程防洪措施之整體規劃〉。這兩篇文章是豐洲工程顧問公司的研究成果，並由台灣水資源局贊助。論文指出，為了執行洪水保險政策，應先滿足以下條件：

- 精確預測洪水災害風險；
- 中央政府願意資助洪水保險；
- 政府會提供財政支援以減少洪災損失；
- 地方政府會支持該方案；
- 就嚴重的洪水風險區變更土地利用計劃；
- 政府的政策會不斷修正及改善。

論文進一步指出，只要從人民及國家的意願和預期效益出發，現有技術可實現上述的先決條件。我們應有長期的可持續計劃，滿足上述條件，以引進洪水保險。論文也詳細介紹了可能涉及的政治和社會阻力，和完成洪水保險計劃各組成部分的可行性。

每個政府與社會皆不盡相同，所以很難斷言美國的任何洪水管理措施適用於亞洲國家，但也許能考慮以下原則：

- 政府將會發展與改善全面性洪水管理計劃，而非排除所有洪水損失；
- 政府將確認公共安全為洪水管理系統的最主要目標；
- 政府將發展特定的方法來分析每個地區的洪水頻率。類似美國所使用的對數皮爾森第三型統計分佈。採取此方法的原因，是它有三個係數，較容易調整，以代入觀測雨量或流量資料；
- 政府將會決定每個地區的防洪標準；
- 政府將會向大眾提供防洪區域地圖（包括洪水及土石流高危區域）。土石流高危區域較難訂定，因可能涉及地震的影響；
- 政府有嚴格的土地使用法規，可進一步預防洪水、山崩和土石流高危地區的開發活動。開發人員將負責防洪建築物和其他相關活動的成本，但這種嚴格的控制可能會遇上政治阻力；
- 政府將提供更好的洪水預警和即時預測機制、有效的疏散計劃、改善抵抗洪水的結構，以保障性命和財產安全。我們應該有一套長遠的可持續計劃。

　　（按：疏散計劃也應涵蓋以下功能：疏散時要能提供糧食、食水、避難所、電力，並盡可能提供工作機會。美國的疏散計劃可說與中國和台灣的截然不同，就不同災害，國內各區都有不同的疏散規劃。美國各區在洪水來臨前或期間的主要疏散工具，是私人汽車與政府用車，以及少數的小船和飛機。新奧爾良市於卡特里娜颶風（Hurricane Katrina）期間的疏散避難失敗例子，也許能啟發我們構思一些改善辦法。

在中國的三峽大壩和南水北調工程完成之前，將有數以百萬計的人口需要遷離。人口疏散可說是中國大型水利工程計劃的一個重大難關，因為有些水利工程與民居十分接近。）

- 政府應着手發行洪水管理及洪水減災的教育刊物；
- 政府應推廣多目標的計劃以加強洪水管理和協助生態系統復育；
- 應採用生態系統方法，以復育及維持洪水平原走廊的健康、生產力和多樣性；
- 最後，防洪管理的成本（包括洪水災害損失），應由中央政府、地方政府和市民共同分擔（可借助保險政策）。

## 2.12　乾旱管理

以下各點皆是可行的乾旱管理方法：
- 公共資訊與教育宣傳；
- 緊急事故保護方案；
- 供水服務限制（限制非必要用途供水、特定商業禁止用水）；
- 乾旱緊急非常時期的水價策略；

- 改善供水系統（例如：檢查滲漏的系統、渠道襯砌（Canal Lining））；
- 水資源管理（例如：配水計劃、非常時期水銀行、地下水層超抽；
- 尋求新的水源供應（例如：鑽探新井）。

　　總之，如果想減少乾旱所引致的經濟與環境損害，並減輕大眾的苦楚，我們應該將重點放在減災和防災上，以及提升預測與預警能力。這將需要跨學科合作以及各級決策者的共同努力。

　　以下為乾旱時改善供水的各種方法：

- 在平時或洪水時期蓄水，例如利用水壩和地下水庫蓄水；
- 改變供水的模式；
- 從其他地方調度水源；
- 節約用水；
- 重複利用回收水和減少水的浪費。

　　壩體將於第 4 章討論。

　　在水資源短缺時，誰有權利優先用水，是相當重要的議題。以下討論水權問題。

## 2.13　水權問題

　　為了探討乾旱時期的缺水管理，我們必須由歐洲某些國家和美國的水權問題談起。他們有兩種類型的水權：第一類為水岸邊的水權，這個概念從英國傳至美國。假設我家旁邊的土地有水資源，我就有使用這個水資源的權利，但如果我改變水路，那下游的人的權利要怎樣確立？第二類水權是由政府正式發給的，此許可證的發行日期非常重要，換句話說，在 1930 年發行的水權優先於 1931 年的。當我擁有的水權很多，在缺水時期政府應該向我提供較多的水，而不論缺水時是否該使用這麼多水，我也有權用。在某些情況下，水權可以出售給同一流域內的人。在加州一些擁有大量便宜水源的農民，會在乾旱時以高價向他人出售水權。另一個重點是，如果有人超過十年沒有使用水權，將會失去那些水權，這十年的限制並非一成不變，美國法院通常可以修正此項限制。

目前，加州同時使用兩種類型的水權，這使水權問題更加複雜。有許多美國律師專攻水權，這些律師收入甚豐。當然，不論是水資源還是其他社會問題，管理都非常重要，律師也需要保護人權。目前美國的趨勢是由第一類水權逐漸轉換為第二類水權，以便賦予政府更大的權力去管理水資源。在亞洲國家，水權可能不是一個重要的問題，因為水資源都由政府開發和控制。西方討論的則是社會裏各種個人權利和政府權利之間的衝突。

## 2.14　水資源分配

乾旱的時候，應如何分配水資源？引用 2001 年台灣水資局發表的未來水資源開發計劃，我們可以發現，台灣的水資源，地下水佔 20%、水庫調配佔 25%、河川取水佔 55%。可是我們也要注重應用層面，當中農業用水約佔 60%、保育用水佔 7.5%、生活用水佔 17.5%、工業用水佔 15%。當然農業用水經滲透可補注地下水。本書第 1 章曾介紹世界各國的用水情況，各國用水量的前三名，通常都是農業用水、工業用水、民生用水。以美國加州為例，80% 的水用於農業。若發生缺水，應由誰來減少用水以及該減多少，是個很大的議題。

　　一般而言，所有國家皆補助農業用水，以保護農作物，故農民用水的價錢最便宜。但按前述的水權問題，若他們十年不用某些水的話，就會喪失那些水的水權，因此他們會大量用水，以致當缺水時仍然浪費水資源，而其他人則要在水銀行以高價向農民買水，以應付民生用水或工業用水。很多人都反對以這種方法保障農業用水。政府向農民提供非常便宜的水，缺水時卻要高價買回來，這種做法對嗎？但不買的話就沒水用了，所以農業用水是個很大的問題。其實農民不應該以漫灌（Flooding Irrigation）這種浪費水源的方法灌溉農作物，應該使用其他方法，例如以色列採用的滴水灌溉法（Drip Irrigation）。

　　至於工業用水，因為很多國家都希望發展工業，所以對工業也較寬容，盡量供應用水，以促進經濟發展。加州在過去數十年花費了數百萬美元，研究在正常情況及缺水狀況下的水資源分配問題。北加州降雨量很高，並有數座大型水庫蓄水，當中薩克拉門托河便流經我居住的灣區。這些水流分別用於中和金門大橋橋底侵入的鹹水，以保護農業用地，供應農業、漁業和其他生物所需，提供北加州的生活用水和工業用水，以及透過兩個大型管道輸水至加州中部的農民取用，同時滿足南加州的民生需求和支援洛杉磯和聖迭戈（San Diego）的工業發展。我參與了其中幾項計劃，包括：（1）研究舊金山灣區在不同季節需要多少水量來抵抗鹹水入侵；（2）為加州水資源部門、美國墾務局及洛杉磯南都會水源管理區研究在乾旱、正常及洪水期間的最佳水庫水量調節方案。因這項措施關係到水資源利益，我們曾面對四方八面強烈的政治壓力。

## 2.15　水資源衝突

　　水的需求在世界各地引發了很多衝突，特別是在同一河流系統的上下游區域。本書第 1 章描述了我參與過的一些水資源衝突。印度在過往調節了水庫流量，減少流向巴基斯坦的水量，就幾乎引發印巴戰爭。有幾個國家，包括美國、英國和日本承諾讓巴基斯坦開發水源，以彌補因印度調節水流而減少的水量。那是我從加州大學柏克萊分校畢業後，加入芝加哥哈察工程顧問公司的主要工作。加拿大政府和其他幾個美國州政府則曾對伊利諾伊州提出訴訟，因她從北美五大湖調水到密西西比河流系統，而我也參與了其法律訴訟過程。

## 2.16　回收水

　　美國有些工業將使用過的水，經適當處理後再次重複使用。例如英特爾公司（Intel）就有自己的重複用水系統，因此水得以一直循環再用。

　　有些城市的平日用水，也是經處理的廢水，稱為灰水。靠近舊金山的南太浩湖市（City of South Lake Tahoe）即為一例，他們表示這些回收水的化學品質，與經正常程序收集的水相同，甚至更好。為了加強市民使用回收水的信心，市長在電視上亦示範喝回收水。

## 2.17　節約用水

在民生用水方面，旱災時我們要減少用水，但怎樣才能收效？在美國，一是通過調整售價，二是通過教育。在缺水時，政府為最低用水量訂定一個價格，假若用水超標，則會提高價格。在舊金山灣區，居民必須報告住家人數，自來水公司會告知他們每月住家最低用水量的價格，若用水超標價格便會提高。事實上，該計劃在那地區卓有成效。在美國，調整價格的確能有效達到節約都市用水的效果。

在教育方面，我在美國曾聘請一個學生幫我研究，怎樣的教育對節約用水最為有效？結果我們發現小學生最受教，假如長輩告訴小孩子要減少用水，便會深植他們心中。以我為例，有一天我在家淋浴，水龍頭的出水只有平常的一半，我大叫為甚麼水這麼少，我兒子說是他把水龍頭關小了，他說洗澡用不着那麼多水。加上水價越高，收費越貴，就能鼓勵節約用水。幾個月前，我從早報上看到一則自來水公司的抱怨新聞：我們用水量減少了，自來水公司現在只好裁員。

2014 年，美國的加州面臨嚴重乾旱，我們首先建議家家戶戶開始自願主動減少使用 20% 的水，這不完全成功，現在政府只好向大量用水的各家各戶處以罰款。

　　使用不同的灌溉方法也有助降低用水量。農業灌溉用水有三種方法：漫灌、噴灌和滴灌。在中國最常見的是漫灌法，那亦是三種方法中用水最多的。怎樣才能演變到噴灌甚至滴灌？政府是否應予以鼓勵？畢竟節約用水十分重要。從昔日經驗所見，改行滴灌可以減少一半左右的用水量，但設備的起始成本較高。要促進節約用水，可能需要訂立價格合理的水權和水價機制。

# 第 *3* 章 | 河川環境的生態水利研究

## 3.1 概論

生態是生物學的一個分支，生態水力研究主要處理生物與河川環境之間的關係。

人類與河流自古至今都密不可分，幾乎所有古文明都發源於大河流域。人類從河川引水以滿足飲用、灌溉、運輸、發電等需求，但同時也奮力抵抗因河川水流劇烈變遷所帶來的洪水與乾旱。

傳統上，我們只視河流為水文循環的一部分，並不考慮生物物種的部分，但自埃及尼羅河的阿斯旺壩（Aswan Dam）竣工後，卻重新喚起我們對生態與工程關聯的重視。

現在，我們必須學習與生態環境和諧共處。河川水流與生態環境關聯的重要性與日俱增，遂成為了世界各地許多研究的重點。每隔三年各國都會為此一主題舉行一次國際研討會，數百學者聚首一堂，針對相關議題彼此交換研究心得。有興趣的讀者可以閱讀相關的研討會論文集。1996 年，我在加拿大魁北克舉行的"第二屆國際生態水力學論壇"的主題演說中，歸納了在河系工程裏考量生態的方法，類似內容我也曾在台北、北京和武漢舉辦的會議發表。

大致上，此類工程要對應以下三種情況：

(1) 我們為滿足某種特定物種的需求去處理河川環境。例如在下文 3.5 節所述，我們要照顧美國內布拉斯加州尼奧布拉拉河（Niobrara River）的兩種瀕臨絕種物種美洲鶴（Whooping Crane）和白額燕鷗（Least Tern）。

(2) 某些情況下，我們很難決定要照顧哪種特定物種，因為不同物種的需求可能互相衝突，那樣我們會將河系回復到事先決定的歷史時刻。例如 3.6 節所述的美國佛羅里達州奇士美河流回復計劃（Kissimmee River Restoration Project），至今仍是美國最大型的生態回復計劃。

(3) 改善河流的景觀。這是最常採用的方法，它既不是為了回復歷史原狀，也不是為了照顧任何物種。許多河流或城市公園的工程只為改善外觀。我們樂見一個美麗且舒適的河岸生活圈。只希望這些"改進景觀"的工程不會擾亂了河川系統的自然本質。

如本書多次所述，每一項工程計劃都應遵循下列四項同等重要的準則：

(1) 工程方面必須健全；

(2) 經濟方面必須可行；

（3）　必須與環境保持和諧；

（4）　社會和政治上可以接受。


　　也許我們可以檢驗以下兩種措施，其一為透過工程來加強生態環境，另一為利用生態措施來作為工程的一部分。當然，有許多工程計劃以同時達到工程與生態兩方面的需求為目標。

　　石建堤防兩側常見的建材如瀝青和混凝土，在密西西比河常作為護岸的材料。至於不同的植被、岩石、樹幹和其他材料，則在工程裏作為地面坡度的保護層。早於幾個世紀以前，我們已懂得利用這些自然材料的排列來保護河岸。只要適當配置各種材料，便能確保河岸的各類土壤不致被過高的流速破壞。因此，我們應當學習如何適當配給植被、樹幹與岩石，以設計出優良的護岸工程和固床工程。不少大學的水土保持系為此已進行了大量研究。

　　還有許多工程例子都會考慮到工程與生態的目的。例如興建魚梯、減少魚類進入抽水設施中、為了讓河川下游魚類能夠生存而持續由水庫釋放涓流、興建梯形地以減少沖蝕、水庫從特定深度取水以達到適合下游魚類生存的水溫等。

　　要判斷特定魚類的取向並不容易。我們利用潛水、電擊、網、袋、聲納及全球定位系統等，來找出魚類聚居之處，有好幾種統計方法可蒐集和分析這些資料，並決定這些物種的喜好與容忍度。那可能是整體分析中最弱的一環，因為容忍度很難判斷，背後牽涉魚類羣聚地的正確性、棲息地環境與魚類數量的關聯性、魚類生存的關鍵因素等。

　　埃及起初在尼羅河興建阿斯旺大壩時，世界各地對此項工程的生態環境保護議題發起熱烈討論，主要宗旨是改善我們與各種生態物種的相互關係。至今，美國保護生態環境的最重要決定，是通過了"瀕危物種法"，將於下節介紹。為了減少瀕臨絕種生物的跨國貿易量，有一項幾乎世界各國皆同意簽署的法案──"瀕臨絕種野生動植物國際貿易公約"（Convention on International Trade in Endangered Species of Wild Fauna and Flora, CITES），那將於後節詳述。

　　我在其後四個章節 3.4、3.5、3.6 和 3.7 描述我參與過的生態水力研究實際案例。第一個例子將概述阿斯旺大壩的研究。第二個例子則是根據瀕臨絕種生物美洲鶴的需求，於美國內布拉斯加州的尼奧布拉拉河擬建壩體的操作計劃。第三個事例是把佛羅里達州奇士米河的疏洪道回復至原始狀態。最後一個例子是南美洲哥倫比亞錫努河（Sinú River）的小型計劃，旨在調查一種遷徙魚類──脂鯉（Bocachico）的產卵場位置。

## 3.2　美國瀕危物種法案

　　埃及約在 1960 年提出在尼羅河興建阿斯旺大壩，那時世界各地對此項工程的生態環境保護議題引起熱烈討論，冀望我們能與其他生態物種和諧共存。美國在 1970 年代通過了瀕危物種法，它是當時中美國通過的 12 條環保法案之一，於 1973 年獲美國國會通過，並由美國總統尼克遜於 1973 年 12 月 28 日簽署同意。這項法案的目的在於預防"經濟發展與成長"導致物種瀕臨滅絕。法案由美國魚類及野生動物管理局（U.S. Fish and Wildlife Service, FWS）以及美國國家海洋和大氣管理局（NOAA）聯合管理。

　　瀕危物種法當初是由時任環境質量委員會（U.S. Council on Environmental Quality, CEQ）主席的特雷恩博士（Russell E. Train）與其率領的律師與科學家團隊的初步構想。此法案清楚列出瀕危物種和受威脅物種的清單，以及相關罰款。這項法令為瀕危和受威脅的魚類、野生動物和植物提供保護，詳細內容如下：

第 1 章　列出名單

第 2 章　法案歷史

　　2.1　1966 年法案

　　2.2　1969 年修訂

　　2.3　瀕臨物種法

第 3 章　避免絕種

　　3.1　申請瀕危物種之標準

　　3.2　審查過程

　　3.3　公告、意見與司法審閱

　　3.4　物種的生存與復育

第 4 章　主要計劃

　　4.1　重要棲息地

　　4.2　計劃、許可與合約

　　　　4.2.1　復育計劃

　　　　4.2.2　豁免

　　　　4.2.3　棲息地保護計劃

就我所觀察，瀕危物種法的重點如下：

(1) 判斷瀕臨絕種生物的根據，是純粹考量生態觀點，還是同時考慮生態與財政因素？有些減少瀕危動物的提議，是建基於瀕危物種對經濟的影響。在 1978 年的修訂法案，美國國會在條款中的"重要棲息地設計"與"重要棲息地的決定程序"加了一句"⋯⋯考慮到對經濟的影響⋯⋯"。1982 年美國國會將 1978

年已修訂的瀕危物種法加上"純粹"（solely）一詞，
以彰顯本法僅考慮生態物種的情況。美國國會拒絕
美國總統列根（President Ronald Reagan）所頒布的
第 12291 條行政命令，該命令要求所有行政單位和
部門，必須採用成本效益分析法來評估每一項新增
的重要條例，也就是說，這些條例所帶來的社會利益
必須大於社會支付的成本。內務委員會的聲明為：
"經濟面的考量與各物種狀況的判斷並無關聯"。

(2) 政府若試圖限制瀕危物種的案件，以及物種復育的資
金，將會削弱 1973 年法案的效力。

(3) 在未來，美國國會或美國總統可以為推動工程，提供暫
時或永久豁免，在工程裏忽略一個或多個瀕危物種嗎？

(4) 在某些情況下減輕罰則，雖然這類個案在美國已多年未
見。

## 3.3　瀕臨絕種野生動植物國際貿易公約

瀕臨絕種野生動植物國際貿易公約（以下簡稱 CITES）是國
際間主要保護野生動植物的條約，目的為減少瀕臨絕種生物的跨
國貿易量。1963 年，國際自然保護聯盟（International Union for
Conservation of Nature, IUCN）的成員在會議上通過一項決議，按
照這項決議草擬 CITES。

CITES 最後由 80 個國家代表，於 1973 年 3 月 3 日在美國首
都華盛頓同意簽署，並在 1973 年 7 月 1 日正式生效。

　　截至執筆時已有 175 個國家加入此項公約。按公約內容，野
生動物被分為以下三大類：附錄一的動物（例如瀕臨絕種的老虎）
是被禁止作商業貿易用途。附錄二的物種同樣難以進行交易，除
非具有貿易許可證。附錄三的動物受到各國政府不同程度的保護。
可惜 CITES 有一個非常嚴重的漏洞 —— 圈養繁殖的物種並不像
其野生同類般受到同樣的保護。畢竟，CITES 的適用對象是野生
生物。於是，有些走私者就先興建虛假的繁殖場，然後宣稱那些
從野外偷獵回來的動物和植物是圈養繁殖的，他們就能恣意將瀕
危物種販售至各國。

　　後來，這項法案經過調整，已有效減少了非洲獵象的個案。
現在世界各地完全禁止販賣象牙，但是這些規則並不適用於家中
寵物。2010 年 1 月份的《國家地理雜誌》（*National Geographic*）
曾提及，亞洲的野生動物貿易仍然相當活躍，例如部分馬來西亞
人民仍然從各類動物貿易中獲利，限制越多的動物，獲利越高。

## 3.4　埃及尼羅河的阿斯旺水壩

　　1973 年 3 月，我接下第一份主要顧問工作，為聯合國調查埃
及尼羅河的阿斯旺水壩對環境的影響。在阿斯旺水壩興建之前，
一般大眾總是認為建造水壩的目標是水力發電、供水、防洪等，
而且水壩也會創造一個美麗的休閒環境，讓各種水利設施能維持
運作。然而，阿斯旺水壩卻喚醒我們，要調查水壩對不同環境的
衝擊。一般來說，水壩會阻斷洄游魚類如鮭魚的洄游路線、減少
流至肥沃土壤的水流量、改變附近地區的氣候、造成下游河川侵

蝕；水庫亦會淹沒人類文化遺產，並且改變上游和下游的河川。我和幾位優秀的外國專家參訪阿斯旺水壩後，發現水壩令肥沃土壤淤積於壩底，無法釋放給下游農業。另外，水壩也造成魚蝦的消失。聯合國還需要花費大量人力物力重新安置埃及阿布辛貝（Abu Simbel）知名的拉美西斯二世神殿（Ramesseum）。

尼羅河為世上最長的河流，總長 6,741 公里，發源於非洲東部的高原，並在下游形成尼羅河三角洲，土地相當肥沃，面積約為 22,000 平方公里。由於阿斯旺水庫改變了河流流路，導致原本相對筆直的河道變得蜿蜒，因此亦需要在河岸進行保護工程。我曾對一位駐埃及的聯合國水庫專家，查詢關於大型水庫淡水蒸發影響氣候型態的可能性。他說氣候已有些微改變，但無法作出長期預估。事實上，反對興建阿斯旺大壩的理由，例如蝦業、漁業受損、大壩下游土地肥沃度下降等都是事實，但從正面的角度看，阿斯旺水壩大大減少了水災和旱災。無論如何，全面性的水庫調度計劃有迫切的需要。

我在聯合國的兩項主要任務包括：

（1）評估阿斯旺水壩對尼羅河下游河床產生的影響；

（2）就未來的阿斯旺水壩調查提出建議。

當我抵達埃及時，埃及政府將許多國外知名學者就阿斯旺水壩對尼羅河下游河床的影響評估報告轉交給我。埃及政府告知這些學者，從新阿斯旺水壩到下游河床，已有兩米的沉降記錄。接著這些學者利用數學模式，計算新阿斯旺水壩下游河床邊緣未來進一步沉降的情況。我稱之為"新阿斯旺水壩"，是因為在新阿斯旺大壩的下游端，有另一座較小型的舊阿斯旺水壩。

　　這些西方專家只許留守在聯合國的辦公室或專家本國的大使館，不准前往阿斯旺水壩現場。基於某些不明的原因，我獲准留在埃及水資源部，並取得所有數據，也被允許參訪現場。起初，我對新阿斯旺水壩下游河床突然沉降兩米感到很好奇，在現場勘察期間，我發現新阿斯旺水壩下游端為舊阿斯旺水壩較大水庫的深處，因此不該有沉降情形。此外，舊阿斯旺水壩下游，因河川設有其他結構物造成水位較深，亦不會有太大的沉降幅度。在檢視過所有數據後，我發現河床高層在某天下降了，而當天恰巧是記錄的位置有變，相對之前有兩米的差異。因此新阿斯旺水壩下游根本沒有河床沉降的情形，不再需要專家學者進一步分析這個問題了，但新阿斯旺水壩下游河岸仍需要進行保護工程。

　　1973 年正值埃及枯水年，的確很需要一個能供水的水庫。另一方面，水庫的蒸發量非常顯著。為履行我的第二項任務，我要求聯合國徵集專才，設計有效的水庫調度計劃，並研究將水儲存於地下，減少蒸發損失。我當時沒有接受聯合國的提議，前往當地策動此項計劃。爾後，我才知道一位來自麻省理工學院（MIT）的學者接手這項計劃。此外，一位法國工程師也找到適合儲存地下水的位置。埃及政府為了能源發展、供水、防洪和減少對環境的衝擊，十分重視新阿斯旺水壩的經營和管理。

　　1973 年 3 月，我沿尼羅河流域欣賞古文明的遺蹟、墳墓和寺廟，那真是一趟愉快的旅行。當時並沒有觀光客，我可以漫步觀

賞這些有趣的建築。埃及的兩場夜間聲光節目實在精彩得令人難
以置信。其中一場在開羅附近舉行，面向金字塔和獅身人面像，
兩位埃及教育部和水資源的副部長陪我觀賞；另一場則在樂蜀的
古蹟內舉行，一位當地高級官員陪我觀看。25 年後，我與妻子參
加埃及旅遊團，那時墓穴和古蹟都擠滿了遊客，前推後擁，各個
景點已不能駐足慢慢觀賞了。

　　1973 年，我完成聯合國在埃及的任務後，獲世界銀行和美洲
銀行邀請參與數個國家的水利工程計劃，包括亞洲的印度、巴基
斯坦、孟加拉、沙地阿拉伯、中國；拉丁美洲的哥倫比亞、阿根
廷、巴西、厄瓜多爾、牙買加、多米尼加共和國、委內瑞拉、波
多黎各、墨西哥；以及新西蘭、澳洲、埃及等一共 20 個國家。我
很幸運能觀察到不同河川的行為，還見識了很多不同的文化。

## 3.5　尼奧布拉拉河的生態研究

　　1980 年，美國墾務局計劃在內布拉斯加州的尼奧布拉拉河建
造小型的諾頓壩（Norton Dam）。計劃於該年 10 月開始實施，而
我必須在 1981 年 10 月完成我的研究。

　　興建諾頓壩的目的是為了提供農業用水。但不幸的是該河川的
河段恰好位處兩種瀕臨絕種生物的遷徙路徑上，這兩種物種是美洲
鶴和白額燕鷗，其中美洲鶴尤其重要。基於這個原因，美國魚類及
野生動物管理局到法院阻撓諾頓壩的興建計劃。美國墾務局於是委
託我分析建壩後對河川系統的影響，我也因此認識到美洲鶴與白額
燕鷗的生活行為十分相似，所以我只要關注美洲鶴便可。

　　我告訴墾務局我將設法調查此壩對這條河可能造成的影響，並會盡量提出水庫調度計劃，以減輕壩體對特定生物的不利影響。

　　在這項計劃中，我必須每隔三個月就和墾務局和美國魚類及野生動物管理局的代表開會，討論我的研究進展，並按當前的知識，對此類型的河流和壩體作出分析。尼奧布拉拉河在印地安族間稱為"驚奇河"，它約長 914 公里，流經美國懷俄明州和內布拉斯加州，屬密蘇里河的一條支流。在春夏之交的豐水期，河川流速與初冬時期差別很大。資料顯示，1960 年 3 月 27 日的最大流量曾飆升到 1,110 m³/s；然而同年 11 月 13 日的流量，卻低至 2.9 m³/s。河床的型態為辮狀，這意味着河流是由許多小型河流在相對較寬的地域交織而成。

　　在接下這項計劃前，我從未聽說過美洲鶴，後來我為此做了

美洲鶴

一些研究，並發現美洲鶴已是瀕臨絕種，1940 年代初期只剩下 15
隻。美洲鶴是肉桂色的鳥類，當牠們飛翔時，脖子會維持伸直，
而黑色的長腿會向後自然垂下。已經處於熟鳥階段的美洲鶴，在
飛行時會明顯看出羽翼尖端有黑色羽毛。這類物種站立時可高達
1.5 米，展翅時最長可達 2.3 米。有些美洲鶴會在晚春或初夏從德
州的野生保護區遷徙至加拿大亞伯達省（Alberta）的森林野牛國家
公園（Wood Buffalo National Park）。在秋末冬初時，牠們會依原
路飛返德州。遷徙路徑包括尼奧布拉拉河段，那是美洲鶴可能停
留的地點，因此研究便聚焦於涉及遷徙路徑的河段。

　　我這項研究的第一項任務，是在河段藉由觀察美洲鶴的行
為，找出該河段有利牠們的特徵。可惜，在 1980 年美洲鶴也僅有
150 到 200 隻，河段只有為數稀少的美洲鶴，所以我們無法找出該
些有利特徵。我們向生物學家取經，得知可以改而觀察數目以百
萬計的沙丘鶴的生活行為。因為美洲鶴和沙丘鶴都有約五米長的
雙腿，所以牠們所需的生態特徵理應相同。於是，我們在遷徙季
節駕駛飛機，在河段上方觀察了約一個月，記錄和分析沙丘鶴在
此河段的聚集地點。

　　我們發現，大多數沙丘鶴喜歡置身略超過四米高的草叢內，
那樣牠們只要揚起脖子，就能看到周圍的區域，牠們會監視其他
食肉動物。牠們亦喜歡停留在水深不過腿部關節，以及流速較低
的水裏。剛好我也不會游泳，而當我站在湍急的溪水裏時也會感
到不舒服，尤其是當河流深度超越我的小腿關節。所以我想我能
理解沙丘鶴或美洲鶴的生活習性。

尼奧布拉拉河

一般而言，河川的河床有三種基本型態：順直河道、蜿蜒河道和辮狀河道。辮狀河川是水流淺而流路甚為分散甚至互相交錯的河流，並帶有較多含砂量。上圖是尼奧布拉拉河河段的河川型態，是較為適合沙丘鶴的河道。那不像蜿蜒河川，因河道相對窄且深，流速也較快，沙丘鶴與美洲鶴都不喜歡停留在流速快的河。

我們設計的水庫營運計劃，必須維持建壩後仍有辮狀河道，那樣我就要知道在不同的低流速下，河床型態之間的關聯性。如此一來，我們才能在 9 月或 10 月沙丘鶴遷徙時，在路徑中為牠們提供適合的環境。根據我們前段所述的調查資料，沙丘鶴喜歡在低於 2.5 米的水深和流速較慢的水中站立。為了證實我對河床型態的預測，我必須在流速較緩的初冬時期，拍攝一組該河川型態的照片，以進行確認。

　　我告訴墾務局，必須在該年流速較緩的 10 月或 11 月拍攝一組該河段的照片，以證實我對低流速下的河床型態預測。該河段的流速變化極大，夏季時流速很快，而初冬時卻又相當緩慢。

　　那些在低流速情況下拍攝的相片，對我的分析相當重要，我藉此可調查河床型態中適合鶴鳥的特徵。由於我的項目合約只到 1981 年 9 月 30 日，因此要在沒有額外資金的情況下，在秋冬季繼續進行河流分析。即使我提出強烈抗議，指出一定要有 10 月（至少也要有 9 月）的流速較慢的河段照片，不能僅參考夏季河流湍急時所拍的照片，但墾務局卻回應他們只能遵守合約，僱用攝影師為我在夏季拍攝照片。受到預算和法規所限，他們無法把期限延長六個月。最後墾務局聘請了航空攝影公司，在 7 月拍攝了河段照片，然而在 7 月底，我很高興接到墾務局來電，說他們所僱用的攝影師忘記拿掉相機鏡頭的蓋子，因此無法提供照片。也就是說，他們必須在當年 9 月再次拍照，到時候他們允諾再給我一年時間進行研究。感謝攝影師沒有將相機的鏡頭蓋卸下，我終於取得較低流速下的照片，也證實了我對河川型態的預測，完成我的分析。

　　擬建的新大壩所排出的水，相對攜帶較少泥砂，會對河川下游的河床造成沖刷作用，下游處將會形成蜿蜒河流，不為鶴鳥所喜歡。所以我使用數值模式，預測在未來 25 年，壩體下游河段的 16 至 24 公里範圍內均不適合鶴羣生活。由於擬建大壩會使水庫水位提高，壩體上游幾公里內的鶴羣遷徙路徑也會被破壞，因為鶴羣不能站立在高水位的水庫之中。

　　該項目完成後，我對擬建的壩體和水庫提出了下列幾項嚴謹的營運計劃：

（1）在早春幾個月，他們應該將水儲存在水庫，以便在夏季灌溉時期適時放流，而這也跟墾務局的灌溉目的不謀而合。對我而言，這些儲蓄起來的水，是為了在將來每年的 5 月或 6 月，以及 9 月或 10 月放流，以滿足鶴羣遷徙路徑所需的水量。

（2）他們不應在破冰期進行大量排放。因為此時若流量遽增，將導致虛弱的植物隨碎冰漂離。而在 5 月和 9 月的遷徙季節，鶴羣需要適當的植被。

（3）我們必須排放適當的流量，以確保在鶴羣的遷徙季節，河流能達到一定的深度及流速。鶴羣對流量的需求由我建議，而且這項規則最重要。

（4）因為水庫的流量經過調整，我們應該每年或每隔兩年，在該河段提供較大的“沖刷流量”來維持河床的完整性。由於未有詳細分析，並有不確定因素，我建議流量大小取過往每年平均洪峰流量的 66%。現在已有許多人員廣泛研究河川“沖刷流量”的特徵。

　　計劃完成後，美國墾務局表示他們的作業將會按照我對水庫流量調節所提出的建議。美國魚類及野生動物管理局也說明若墾務局同意採納我的建議，他們也不再反對新壩的施工計劃。

　　實際上，諾頓壩由於缺乏資金，最後沒有完成建造。但對我而言，這是一項很理想的計劃。

## 3.6　河川流域回復計劃

　　佛羅里達州奇士米河附近的居民，曾要求美國陸軍工兵團建造大型疏洪道，以消弭洪水災害。1985 年，就在這項計劃完成時，當地居民卻希望除去此疏洪道，並將河川回復至最原始的狀態，因為新疏洪道的環境會令約 90% 的水鳥以及 70% 的禿鷹消失。此回復計劃廣受關注，因為它並非用以達成任何工程目的，而是單純的生態回復計劃。過往的河川生態計劃，通常只屬大型工程的一小部分，且僅為滿足某些生態需求。1986 年，佛羅里達州政府邀請國際研究機構為這個項目投標。幾年前曾聘用我的荷蘭代爾夫特水工研究實驗室（Delft Hydraulic Research Laboratory）獲得第二名，讓我有幸自科羅拉多州立大學轉職到加州大學柏克萊分校的第一年，就接下這項相當令人興奮的計劃。

　　為了此一案子，我徵詢了許多居民，希望獲得他們對這項計劃案的想法，看看他們想怎樣建設。漁民道出他們的心願，觀光團想在風景秀麗的環境中乘坐小船、環保團體則希望廣植樹木。我的確很難決定最後的優先順序，所以我組織了一個研討會，邀請不同利益團體提出他們的意願。我也請來傑出的環保人士擔任評審員，就不同利益團體的優先順序組織清單。我以此清單作為基礎，嘗試規劃某一歷史狀態下的環境。但我無法將環境轉換到疏洪道建造前的情況，因為當地已建有新的房屋，且河流流量在興建疏洪道時已被改變。

　　我們也在加州大學柏克萊分校的里奇蒙區（Richmond）建立了一個大型的室內水力物理模型，這裏是 40 多年前我修習博士的地方。與美洲鶴的研究不同，因為佛羅里達州想向美國人展示他們對環境議題的關注，所以這項研究計劃獲媒體報導，三家最主要的晚間廣播網絡，包括 ABC、NBC 和 CBS 都扼要報導了此項計劃。《洛杉磯時報》（*Los Angeles Times*）用了一整頁篇幅對我作了一些描述。佛羅里達州州長在奇士美河流域種植了一棵小樹，象徵他重視自然。之後，英國的查理斯王子（Prince Charles）甚至就這項研究與我聯繫。

　　我想在佛羅里達州取得不同地點的現場流速分佈量測數據，再用我建立的二維數值模式模擬這項計劃。佛羅里達州是一個大型區域，所以我想將這個區域網格化，並搭配不同時間區段的航空照片，藉由漂浮橘子來顯示不同地點的流速。我之前在加州採用過這些橘子，但現在卻犯了大錯，原來加州橘子的果皮很厚，所以會在水面漂流，但佛羅里達州的橘子皮較薄，於是會沉下去，所以此法並不可行。最後，美國地質調查局（U.S. Geological Survey, USGS）委派了助理負責在不同地點搭乘小船測量流速。

　　我花了四年時間，在佛羅里達州三個地方與市民大眾討論這個項目。第一場市民大會在西棕櫚灘（West Palm Beach）順利舉行。第二場在奇士米河流域附近舉辦，當時有一位男士在會議中途站了起來，說這個項目帶給他很多麻煩，但是他樂意協助我執行任務，我對此感到很驚訝。會議結束後，我私下向佛羅里達州政府詢問這位男士是誰，他又需要甚麼，他們只笑説他是奇士米河流域的大地主。在疏洪道興建案提出以前，地價每英畝（約0.004 平方公里）不足 100 美元，但疏洪道完工後，土地不再受洪水威脅，地價大約升至每英畝 400 美元。我的計劃提出後，他打算以每英畝高於 1,000 美元的價格，把土地出售給佛羅里達州政府，那就是他所謂的"麻煩"。事實上，如果我沒有執行這項新計劃，他也可能會付我以百萬美元來完成這項計劃，因為每英畝1,000 美元的地價，將為他帶來一大筆橫財。

第三場市民大會在奇士米河戶外舉行。此項計劃令當地居民不太開心，因為計劃估計約須花費 5 億美元，當中幾乎全是用來收購土地。猶幸因為我是一位教授，而且我不過是執行任務，所以他們對我仍然友善。他們最喜歡問我：如果你住在佛羅里達州，你會希望計劃實行嗎？我禮貌地回答，説我並非在那裏居住，不便表達意見。無論如何，這項計劃是水利生態的重大里程碑，卻原來有些人也樂意為這種純生態計劃大灑金錢。

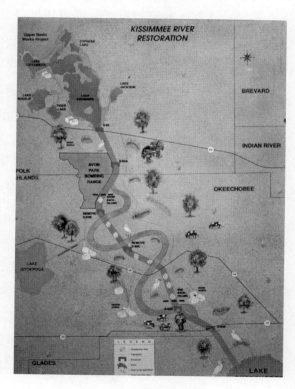

奇士米河流回復計劃

在這項計劃進行的第四年底，我們利用二維有限容積數值模式完成了這項計劃。另一件趣事發生於我將最後成果報告給佛羅里達州州長鮑勃‧馬丁尼斯（Bob Martinez）時。我本來以為，只需在佛羅里達州的首府把報告交給州長，並且在想：到底州長會提出甚麼問題？我應該將圖表和圖片連同報告一起呈交給他嗎？意想不到的是，委託我從事這項計劃的佛羅里達州西南區政府告訴我，要在西棕櫚灘國際機場與州長見面，而且州長會親自接見我，我亦沒有必要準備任何圖表和照片。我抵達機場時，發現已有許多媒體守候，不久一架私人飛機着陸，州長向我們走來，我將報告交給他，並握手向他問好。他只説了句："謝謝你的報告，我們這個州對於環境議題很感興趣，但預算的控制也很重要。"我之前曾會見過三位不同國家的元首，但與州長見面還是首遭。

## 3.7　尋找洄游魚類的產卵場所

在南美洲哥倫比亞加勒比海地區，錫努河（Sinú River）是繼瑪格達萊納河（Magdalena River）與考卡河（Cauca River）之後，最重要的一條河川。錫努河約一半流長主要用於航海，範圍是自蒙特利亞（Monteria）起的 200 公里，而蒙特利亞是此流域的最大城市。這裏是危險的偏遠地區，毒梟與游擊隊猖獗。錫努河的烏拉一號壩已經建造完畢，另一座烏拉二號壩也在計劃中。當時我對危險渾然不知，便接受了美洲開發銀行（Inter-American Development Bank, IDB）的委託，為這兩座大壩進行水利與輸砂研究。

約在 1990 年，我第一次到訪那座小鎮，發現她在兩星期前已被游擊隊佔領，而我們在船上的全體調查小組也被不明的集團伏擊。我到那裏三次，幸運地沒有受到任何傷害，並安全完成了工作。這是我在哥倫比亞的最後一項計劃。

我們想找到當地十分著名的洄游魚類 —— 脂鯉（Bocachico）的產卵地。首先，我們對數以百計的脂鯉做記號，並且在產卵前的季節將牠們放在錫努河中游。而政府為了獎勵漁民捕魚時放生有記號的脂鯉，提出以三倍價格作為獎賞。我們發現超過 70% 的脂鯉回到上游，並在佈滿礫石的河床產卵。同時，我們從河流中進行採樣，以找出脂鯉產卵的時機，發現脂鯉會在流速變快後產下魚卵。有了這兩項資訊，我們便可以為水庫排洪設計進行調節。

## 3.8　生態水利學的重點結論

幾個世紀以來，沿河居住的人類經常對抗洪水與乾旱的天災，但近年他們認識到應該與其他物種和諧共處。這也是改善河川水質相對簡單的方法，那對人類與其他物種也是雙贏局面。

但我們很難將 "長期照顧生態物種的無形益處" 與 "工業發展帶來的有形利益" 兩者相比。我們大都喜愛遊覽國家公園，但要如何將這種喜好加上有形的價值？有些美國高科技公司為員工提供輕鬆的工作環境，結果員工工作更有熱忱，成果更豐。2008 年北京奧運也因注重環境，提高了中國人民在世界的地位。

新世代的教育已提高了生態學的地位。我兒孫的環境意識已比我的那個年代高，他們視保護大自然為理所當然，因為一旦環境遭受破壞，便很難再回復原狀。

　　誠如本書部分章節所述，工程師必須具備某種程度的生物學知識，而生物學家也應對河川系統有所了解。但不可能所有水利工程師都完全了解生物知識，他們也許按各自的背景和興趣，選擇提升以下的特定知識：

　　作為一名工程師，魚類知識水平可分為三等，也許生物學家能進一步詮釋這三個理解級別：

(1) 第一級理解程度，為工程師所需之最淺的理解程度，要具備河川中特定物種的所有基本知識，以及能與魚類專家討論生態需求。這一級別的工程師也應了解特定的河川環境對某種物種的所有正負影響。

(2) 第二級理解程度，是能與魚類專家討論，並且了解生態環境需求的可能容忍度。這名工程師必須能夠閱讀並理解一些生物文獻，以尋找物種的容忍度。

(3) 第三級理解程度，是能與生態學家討論研究結果，並與生態學家聯合展開研究計劃。

　　至於大學的工程學院中，我們製作的書籍應講解更多魚類和鳥類的生存因素（如流量溫度），而不是每種魚類的具體要求。

　　更重要是找來一組生物專家，臚列"每個級別"所需具備的理解程度，讓工程學校設計課程時作為參考，滿足這些需求。要求所有工程師學習所有生態知識不太可能，但我覺得大多數工程師能達到第一級理解程度已經不錯了。

　　另一方面，我很樂意和其他水利專家一起跟生物專家分享河川知識。最基本的程度是能夠討論河川型態、輸砂運動最重要的因子、河床行為、水流對河川型態的改變，以及不同的河流與輸砂測量法的可靠度。

　　第二級理解程度將包含統計學、一維數值計算，與如何透過河道流量評估來判斷生態價值等。而最高階的理解程度是能發表重要的研究成果和分析。

# 第 *4* 章 ｜ 認識水壩

　　在許多水資源計劃的討論裏，水壩影響已成為一項重要議題。小型水壩故障的損失通常相對較小，大型水壩失靈卻可能造成重大損害。因此，處理大型水壩必須格外謹慎。即使近 40 年來，水壩毀損率呈下降趨勢，但世界各地都曾經發生水壩事故。

　　本章我們將談談各類堤壩，以及與水壩相關的洪水與輸砂問題，並介紹美國安全水壩計劃、世界水壩委員會所協商的國際議題、國際大型水壩委員會的大壩工程知識與經驗交流平台，以及環境影響評估等主題。最後一節會講解一道被拆的水壩故事。

## 4.1　水壩的發展歷程

　　早期居民通常鄰水而居以便汲水，後來人們在山谷內，橫跨河流興建一座截水的結構物，稱為河堰（或是水壩）。水壩必須橫跨整個河流，以免河水流入水壩的左右兩側。隨着越來越多河水流入水壩，水壩便必須有足夠高度，以確保河流水位不會高於壩頂，破壞水壩，並洩漏河水到水壩四周的山谷。換句話說，水壩必須阻截未來所有的河水。水壩上游儲存流入河水的地方，則稱為水庫。

通常河水流量高時，便由水庫儲水；流量低時，則從水庫取水，以供農業和生活所需。但人們很快發現，在高流量時期累積太多河水會導致水庫水位高於壩頂，以致摧毀水壩，早期的水壩便多數給洪水毀壞。於是，人們就在水壩的上方或旁邊建設渠道，讓洪水通過，並排放水庫中過多的河水，避免溢頂。這些渠道稱為"溢洪道"（Spillway）。另一種水工結構物叫水閘門（Watergate），建於水壩下方，通過開啟閘門也可排放水庫裏多餘的水。

人們漸漸學會使用水壩儲存洪水，以防下游發生水災，並滿足水力發電、河內航運和娛樂等需求。到了大約 50 年前，人們才發現水壩會破壞環境。另一方面，我們也必須與河流內的其他物種和諧共處。

設計水壩前，需要良好的水文系統規劃，當中要根據河流過去的徑流資料（Flow Record），以決定水壩蓄水庫的容量，以及溢洪道的流量。這類水資源分析存在風險，因為降雨量和河流流量都有很大的變數，加上近年氣候變遷更為流量帶來不明朗因素。溢洪道和閘門主要是讓水庫排放洪水，但是這些排放的洪水不能用於水力發電，因此會減少發電收入。另一方面，所排水量也不得超過下游的承載力，否則會令下游發生水災。

古往今來，許多水壩都因為水文歷史資料不足、水文分析不良，或是結構物設計和建造過程不當而毀壞。要從有限的水文資料估計未來的最大流量和溢洪道所需流量，殊非易事。

　　第一個有名的水壩崩潰事件，發生在埃及尼羅河。這個古埃及的水壩——異教徒壩（Sadd-el-Kafara Dam）位於開羅北方約25公里處，它的基底長 102 米、寬 87 米、高 13.5 米，建於公元前約 2700 年，但它被一場大雨摧毀了。

　　近期的潰壩案例，可分為三種類型，我將在 4.6 節仔細討論。第一個潰壩案例發生在意大利，肇因是地殼移動所產生的衝擊；第二個案例發生在中國，源於水文分析不當或降雨量超乎預期；第三個則發生在美國，源於結構設計不良。

　　美國安全水壩計劃將在 4.7 節簡述，而世界水壩委員會所協商的議題則見於 4.8 節。

　　根據 2000 年世界水壩委員會（World Commission on Dams, WCD）的報告，世界上有超過 40,000 座高於 15 米的水壩，以及超過 750,000 座較小的水壩。在 1950 到 2000 年間，總蓄水容量已從 500 立方公里上升至 2,000 立方公里。中國現正積極建造水壩和水力發電廠，就長江流域或許已有幾千個大大小小的水壩。最近落成的發電廠可能已每年為中國創造約 7% 的 GDP（國內生產總值），是經濟增長的一個主要因素。目前，中國政府已有發展西南區域的鴻圖大計，準備在湄公河的上段流域建造八座水壩，其中四座已經落成，另外四座也即將完工。這些建設導致湄公河下游的五個國家，包括緬甸、寮國、泰國、柬埔寨和越南的局勢緊張。另外，中國政府也參與了非洲許多國家的水壩建造計劃。

　　不少水壩都建於兩國或多國邊界的河流上，由於這些國家共

享一個水源，所以經常發生水資源衝突。假如某國在河流上游建
造水壩，那麼這個國家將能控制下游段其他國家的河流流量，下
游國家會擔心在不同時期是否會無水可用。本書的第 1 章曾列出
三個例子闡述這種水資源抗爭，而將在本章 4.8 節介紹的世界水
壩委員會，其宗旨就是協調這類抗爭。4.9 節將簡述另一個非常活
躍的組織 —— 國際大型水壩委員會（International Committee on
Large Dams, ICOLD）。它早於 1928 年成立，目的是交流大型水
壩的規劃信息和管理經驗。

　　建造一座水壩有很多考慮因素，不純粹是考量目前的科技。
水壩會對社會造成許多影響，故必須三思而行。大型水壩的興建
決定，通常側重於中央政府和水壩建造公司等的利益訴求，卻沒
有全面評估水壩的替代方案，所以部分社會人士會對建造水壩進
行不同程度的抗爭，並作公開的政治論述。

## 4.2　水壩的種類

　　水壩分為以下幾個主要類型：

(1) 重力混凝土壩的穩定性依靠壩體自身的重量，例如美國
　　華盛頓州東方的大古力水壩（Grand Coulee Dam）。

(2) 重力土石壩亦以自身重量作支撐，最大的土石壩是巴
　　基斯坦梧桐河（Indus River）的塔貝拉大壩（Tarbela
　　Dam）。

(3) 拱壩是最美觀的水壩，工程師把壩的兩個垂直末端固定
　　於相鄰峽谷的岩石，主要以此兩點作為支撐。只有當峽

谷的岩石有能力給予壩體強大的側向支持，才會興建這
種類型的壩，例如中國雲南的雙層拱壩。

(4)　重力拱壩結合了拱形和重力，例如美國內華達州鄰近拉
斯維加斯的胡佛水壩（Hoover Dam）。

(5)　混凝土支墩壩是在壩體中建造一個中空地區，以節省混
凝土材料的成本。由於它需要很多額外的外型工程，故
在 19 世紀初之後這類壩已相當罕見，例子有法國的羅澤
朗壩（Roselend Dam）。

　　壩的建材有混凝土、土、石、鋼筋或木材，土石壩更必須有
一層由黏土材質組成的垂直核心層，以防止水滲流出壩。選建哪
種型式的壩，通常是看哪類材質對壩有利，以及峽谷能支撐的強
度。水壩選址大都以經濟為原則，在狹窄的峽谷建的水壩也會比
較窄，那可減少建材數量。當然，在壩的下方和周邊都不可滲漏，
通常水壩會建於遠離民居的地方，以免大量居民被迫遷。在人口
密集的中國，有好幾座壩都要強制遷徙大量居民，造成很大的問
題。

## 4.3　水壩的正面和負面影響

　　水壩是河流上的一座結構物，能將水儲存在水壩後的水庫，
以提供農業、工業、水力發電、運輸、休憩和民生用水，也可以
在發生洪水時阻截洪流，以免對下游造成災害。從上述幾項優點，
通常能評估水壩的實際價值。

　　大型水壩有多項功能，但這些功能所要求的蓄水量卻可能互相矛盾。若要控制洪水，那在汛期前水庫宜處於低水位，好讓洪水來臨時能吸收更多流量。然而，就農業、工業、水力發電、運輸、休憩、民生用水而言，也希望水庫有更多水，水庫水位宜高不宜低，要管理這些不同需求相當複雜。有許多水壩的唯一目的是提供農業和民生用水，也有許多小型水壩是為了保存水土，減少河流坡度，並把泥砂儲於水庫。在中國，由於適耕土地不足，有許多人民因此會用小水庫所儲存的泥砂種菜。

　　另一方面，水壩會改變河流的自然流向，並干擾人類及其他物種的發展，以下列出一些負面且較難量化的影響。例如，遷徙居民的成本或許可以評估，但人民所受的苦難和對環境的影響卻不能簡單量化。又例如，有時水壩可能會阻擋漁業的水路，干擾漁民生計；水壩排水時會使下游水溫升高，影響某些魚類，那亦攸關漁業的存亡；強制疏散居民以清空土地建水壩和水庫後，這些土地的養分從此就沉積在水庫之內，那可能會減低下游土地的肥沃度，並改變水壩上游段和下游段的河相（即河流的自然趨勢）；水壩也有可能引發較多地震，但這還未被證實；它也可能會改變氣候型態；也可能會淹沒寶貴的古蹟和文化遺址，破壞美麗壯觀的風景；水質或會受影響；水位急速改變會造成堤防滑動；而不論戰爭或太平時都可能發生潰壩，造成重大災難。若河流中挾帶大量泥砂，這些泥砂會沉積在水庫，降低水庫的使用年限。

　　最後問一問自己：你到底喜歡還是害怕與大壩為鄰？在乾燥季節，無論為了人類還是漁業的生存，你要在哪裏取水？

　　河川的工程計劃，本身有它的特定目的，但也有不同方法可選。建壩不一定是唯一的解決辦法。要控制洪水，也許可以選擇加高河道兩岸堤防，又或在上游建造幾座較矮的壩，或是在有需要時才將居民強制撤離洪水氾濫區；而電力則可以改用核能或煤炭。當然，這些替代方案也可能衍生其他問題，例如堤防增高了也可能會有危險，燃煤電廠會帶來空氣污染，核能發電則有輻射風險，就像幾年前日本福島的核災。

　　其實上一章已討論過許多例子，工程師和計劃者應該接受培訓，確保他們有能力檢視水壩建造與否，以至各種替代方法的優點和缺點，以達到某些特定目標。當然，水壩的設計必須能達到大部分或所有的預期效益，反對聲音通常都是指出壩體的負面影響，和設計無法滿足部分或所有的目標。

　　對於非常重大的計劃，我們應先分析幾種能達到目標的方法。在計劃的階段，對每個替代方案都要研究其效益及負面影響，再基於不同理由逐個剔除，繼而選擇最終方案。這個最終方案會把所有效益和負面影響整理好，並呈交給決策者和社會大眾作最後決定。不過，其他替代方案的否決原因也值得討論，故也應該公開給決策者和社會大眾參考。有時候並沒有完美的方案，所以我們必須誠實和全面地分析方案，方案中的每一個缺點都要公開，以確保能作出正確的決定，畢竟這些大型計劃的成敗足以影響社會的安全。執行最終方案是工程師的責任，但精密分析和了解每個方案的不同影響，並作出決定則是決策者的責任。之前提到，每項計劃都必須理論上正確，經濟上可行，社會、政治上可接受，所以在做決定前應該和社會大眾商量，而每項重大計劃都必須通過仔細的環境影響評估，這點以下將再介紹。要謹記，如果計劃的負面影響超過正面效益，這個項目便違背了建造的原意。有時候，建造水壩的計劃以至各種替代方案，有可能比按兵不動存在更多缺點，如出現這個情況，這個項目就應擱置。

　　據我參與世界各地許多重大水資源計劃的經驗，在反覆的討論和爭論中，如果該項目在技術上和經濟上均屬可行，最後決定乃是基於政治和社會考慮。在許多河流的水資源計劃裏，水壩影響已成為一個重要議題，有很多專書比較建造水壩的優點和缺點，我則會趁此機會在本章介紹世界水壩委員會和環境影響評估等主題。

## 4.4　水壩的水文考量

　　設計壩體時，工程師必須考量水壩的穩定性、滲漏風險、混凝土的瑕疵和其他眾多因素。然而，本章只會集中討論重要的水文及輸砂分析。要得知水庫所需大小，首先要進行的水文分析就是決定"設計洪水量"（或稱"標準計劃洪水" Standard Project Flood, SPF），也就是當洪水來臨時會進入水庫的水量。水庫要有足夠容量蓄存這個水量，否則會發生潰壩。即使設有溢洪道及水閘，水庫也至少要有能力蓄存部分洪水，以減少透過這些設施所排出的流量，以防流量超過下游的防洪水位，使下游發生水災。

　　因此，這些排水設施能溢流多少水量，也要視水壩下游的水位變化而定。舉例來說，中國長江的漢水和它兩個湖泊的水位，與三峽大壩水閘容許的排水量有着密切關係。我們必須參考大量數據，分析長江高流量的機率、漢水和兩個湖泊高水位的機率，以及三峽大壩下游的防洪水位，來計算水庫所需大小。而即使壩體下游水位正常，我們也不能假定三峽大壩的水閘及溢洪道總能每秒釋放 70,000 立方米的水流。我將會在第 5 章詳細討論中國的三峽大壩。

　　水文設計需計算水庫受劇烈風暴侵襲造成的溢頂，進而損壞結構物的機率。若機率為 0.01，即代表這座壩被視為可以承受任何規模小於百年一遇的洪水。話雖如此，在未來百年內還是有可能遇上大於這個承受程度的洪水，儘管可能性很小。要做這些判斷，就極需要時期長且可信賴的水文資料，才能決定洪水規模，並計算水庫所需容量。在水文資料中，我們也需要考量信賴區間（Confidence Limits）及離羣值數（Outliers）。信賴區間是一種函數，用來表示你的觀測值數量，也用以表示你對預期數據的信心有多大。離羣值就是偏離你數據分析所得出的數值。1985 年出版的美國水資源理事會公告編號 17B（U.S. Water Resources Council Bulletin Number 17B）便有考量這些離羣值，並將其納入分析之中。若水壩崩塌會對壩體下游造成嚴重災害，設計水庫時就應針對比百年一遇更大型的洪水。在 4.6 節的第二個例子中，中國河南便以千年一遇的洪水作為水壩設計標準，可惜水壩於 1975 年仍因發生兩千年一遇的洪水而崩塌。也許當時可參考的水文資料時期不夠長，或是信賴區間的設定太寬，又或是數據中離羣值太多。

　　水壩的操作政策也直接影響災難的嚴重程度。以上提到，汛期前應讓水庫水位處於低位，以提供更多空間蓄存洪水，那亦可確保洪水嚴重時減少透過溢洪道及水閘排出的流量，以免對水壩下游造成洪水災害。然而，那將減少灌溉及水力發電用水。水力發電量不只取決於穿越渦輪的水量，同時也跟渦輪上方水面的水位高度有關。由於水力發電能帶來財政收入，以利益為先自然會傾向維持水庫的高水位。然而，水壩的管理部門必須在汛期前決定水庫可接受的水位，因為一座水壩崩塌可能會令下游其他水壩隨之崩潰，造成連鎖效應。

　　我曾為加利福尼亞州引薦一套風險分析方法，是根據各條件發生的機率來設定汛期前的水庫水位高度，換句話說，就是參考特定區域長時間所觀測的資料，來調整汛期前的水庫水位。若汛期時很有可能產生大量洪水，我便將汛期前的水庫水位調整至相對較低的位置，若汛期時洪水的流量可能較小，我便將水庫水位保留在相對較高的位置。這種於汛期前預設水位的做法，也可以在接收到更多正確數據後予以調整。我的方案只供他們參考，並沒有被採用，因為這些分析也會有出錯的風險，所以沒有人願意承擔這個責任，根據我的方案調整汛期前的水庫水位。即使風險非常低，也沒有決策者願意採用這種新方法來做決定。我不會怪責決策者，因為要以過去的資料預測未來的氣候，並沒有十足把握，特別是氣候條件還可能會改變。因此，在設定雨季、旱季及航運時節的水庫水位前，必須有更嚴謹和周密的分析。

## 4.5　輸砂分析

　　進行水庫輸砂分析有三個重要原因。第一，水庫若沉澱了太多泥砂，蓄水量便會減少，進而縮短水庫的使用年限。第二，若水壩釋出的水泥砂含量不足，這樣相對乾淨的水將會沖刷下游河床，改變河川流況。第三，泥砂在水庫內不同的地點淤積，會減少該處水深，影響水庫內的航運和水量調動。這很可能發生在水庫上端，那邊的水流相對較淺且淤積速度快，會影響內河航運。另外，水庫內的主支流交匯處也可能淤積較多，減少水庫該處的水深，也不利航運。

　　輸砂能力和水流流速直接相關，當水流在上游要進入水庫時，水深會增加而流速會下降，所以在水庫中，隨着水深增加，水流的輸砂能力便會下降，越來越多的泥砂會在水庫中沉積，而顆粒較大的會在水庫上端沉澱。在河谷土壤沖蝕劇烈的國家，下游壩體的使用年限往往取決於水庫中的淤砂量。在初期規劃時，水庫內就有一部分容量分配給未來的淤砂量，而剩下的水庫容量則用於調節水量。當淤砂量超過原本預留的空間時，其後的淤砂便會壓縮原本用以調節水量的水庫空間，儲水空間漸漸越來越少，而水庫也終將失去功用。

　　工程師進行設計時，通常預設水庫壽命為 100 年，因此不會考量到 100 年後的情形。在這方面，我們希望能考量更長的期限。換句話說，我們希望淤砂填滿水庫預設的空間後，進入水庫的砂量能等於流出水庫的砂量，以達到持續平衡。如此一來，我們就必須考量水庫的排砂狀況。中國很多針對富含大量泥砂河川所設計的新水壩，都會考量其排砂能力而設置排砂道（Scouring Sluice）。要在寬廣的河道設計狹隘的排砂渠道相當困難。若要充分發揮排砂效能，則要在水庫靠近水壩端的水位較低時進行。所以為了充分排砂，我們可能要犧牲大量的可用水。

　　另一個長遠目標，是不要讓水庫內的任何地方出現嚴重淤砂，以免水深變淺影響河川的航運及人民的生活。如前面所述，我們尤其要關注河川快進入水庫前的一段以及主支流交匯處。

　　河水流進水庫後會流失很多原本挾帶的泥砂，而從水庫釋出的相對乾淨的水經常會侵蝕下游河川，沖刷河床及河岸，分別造成河床下降及河道拓寬。在水壩建成後，護岸工程可避免河岸拓寬的問題，但河床下降的情形仍會在水壩下游發生。這種河床侵蝕情形，在整座水壩下游流域以靠近水壩的一端比較嚴重。受侵蝕影響，這河段的河床坡度也會下降。此外，相對於大顆粒泥砂，小顆粒較易被水流沖刷走，河床上較小的泥砂被水流挾帶離開後，底床下降段的河床泥砂顆粒會變得粗大。

　　隨着時間推移，水壩下游的河床坡度變得平緩，河床上的泥砂顆粒變得粗大，那可能會減緩原本底床下降的現象，長遠來說河床最終有可能停止下降。

　　從財政與社會觀點來評價水壩，並不屬於本書的探討範圍。而每個國家、每個項目的情況都不盡相同，4.8 節會略述部分討論。

## 4.6　水壩損毀案例

　　正常來說，水壩損壞或倒塌事故應該嚴格防範，但幾乎世界各地都曾發生這些案例。

水壩毀損的可能原因有：

（1）設計時缺乏可信賴的水文資料；

（2）低估洪峰流量；

（3）洪水季節前蓄存水位太高，導致水庫沒有能力容納之後的洪水量；

（4）不符標準的結構材料；

（5）建造技術貧乏；

（6）溢洪道、閘門、排砂道等設計錯誤；

（7）未考量水量注入，水位改變會造成土體不穩；

（8）缺乏可靠的儀器去量測不同地區的水壓變化、壩體傾向及可能的裂縫；

（9）維護不善，尤其是出水口區域；

（10）人為失誤，錯估洪水強度；

（11）未規劃如何撤離水庫、水壩附近的居民；

（12）未依照程序保養維護，導致出現緊急情況時，水閘、溢洪道及其他設施未能運作。


以下回顧美國水壩的損毀案例。

I. 潰壩 —— 佔失敗案例的 34%

（1）溢洪道設計不良；

（2）溢洪道被土石堵塞；

（3）壩頂沉陷。

II. 基底缺陷 —— 佔失敗案例的 30%

（1）各種沉陷；

（2）基底滑動、坡面不穩；

（3）上揚壓力（Uplift Pressure）過大；

（4）無法控制的基底滲漏。

III. 管湧和滲漏 —— 佔失敗案例的 20%

（1）大壩內部侵蝕造成的滲流，稱為 "管湧"（Piping）；

（2）水工結構物的滲漏和侵蝕；

（3）因動物挖掘造成導水管或溢洪道滲漏；

（4）壩體、導水管及閥門裂隙（這佔失敗案例的 10%）；

（5）築堤材料因管湧而透過裂隙或接縫進入了導水管。

IV. 其他 —— 佔失敗案例的 6%

根據世界水壩委員會的調查，近 40 年來水壩損毀率呈下降趨勢，1950 年前興建的水壩，損毀比率為 2.2%，但 1951 年後興建的水壩，損毀率少於 0.5%。

不足 15 米高的小型壩體損毀比率較大壩為高，因為小壩的設計及建構過程不如大壩謹慎。失敗案例中也不乏近期新建的壩體。大約 70% 的損毀在壩體落成後的 10 年內發生，當中又以在竣工後第一年最常發生。

以下描述三個大壩失敗案例：

第一個案例是意大利貝盧諾省（Provincia di Belluno）一座約

870 英尺（265 米）高的混凝土拱壩。1963 年 10 月 9 日，水壩上游發生地震，造成大量土石滑落到此壩的水庫之中，引發了約 330 英尺（100 米）高的大洪水，越過壩頂奔往下游，雖然這佔失敗案例的 10%。這道壩雖然安然無恙，但卻奪去了下游地區 2,600 人的性命。

　　第二個案例發生在 1975 年，主角是中國河南省介於汝河和洪河交匯處的水壩，那包括了汝河上的板橋水庫大壩與洪河上的石漫灘水庫大壩。正常來說，汝河會先注入洪河，然後兩者再一起注入淮河中。

　　板橋水庫的設計容量為 4.92 億立方米，其中 3.75 億立方米是用以蓄存洪水，其壩則略高於 116 米。兩道大壩的設計與建構均採納了蘇聯工程師的建議，曾一度被稱為"鋼鐵水壩"（Iron Dams），以示它絕對不會損毀。板橋水庫大壩本來預設能抵抗千年一遇的洪水，而石漫灘水庫大壩則能抵抗五百年一遇的洪水。但在 1975 年 8 月，超級颱風妮娜（Typhoon Nina）與冷鋒相牴觸，引發了兩千年一遇的超級洪水。這場災難有逾 17 萬人喪生，重創超過 1,000 萬個家庭，倒塌的大壩約有 60 座，而這些大壩後來都被重建了。

　　第三個嚴重的水壩倒塌案例，是美國墾務局於愛達荷州修築的提堂壩（Teton Dam），包括我在內的許多美國人都透過電視目睹了這次潰壩慘案。

　　1976 年 6 月 5 日星期六早晨，正在建設中的提堂壩出現了一條裂隙，水混雜着土壤從壩上流出，但工程師不以為意。數小時過後，壩頂開始下陷並崩塌至水庫區，幾分鐘後，剩下的右堤分裂。在那天傍晚前，雖然三分之二的壩牆仍在，但水庫已經完全淨空了。有人把壩體崩塌歸咎於地質因素以及設計決策有誤，但實際上並沒有足夠資料去證實原因。有一組土壤力學權威列舉了幾個可能，包括或許並非在最佳濕度條件下進行土壤壓密等因素，導致管湧而使土石壩崩塌。

壩體崩塌造成 11 人死亡。這道壩花了 1 億美元建造，而聯邦政府的賠償金額卻超過 3 億美元。我在中美洲厄瓜多爾遇到一名美國墾務局職員，他負責估算壩體倒塌對居民造成的損失，要查證所有人的損失很困難，我不知道總共的損失賠償是多少，只知道這座水壩最終也沒有重建。

## 4.7　美國大壩安全計劃

在提堂壩倒塌之後，美國陸軍工兵團 (U.S. Army Corps of Engineers, USACE) 提出美國大壩安全計劃 (Dam Safety Program)，接下來的內容正是節錄自大壩安全計劃的公告。美國陸軍工兵團在國內和波多黎各管理 694 座壩，業務內容涵蓋洪水風險管理、航運、水力發電、水資源供應、漁類及野生動物保育及復育。USACE 有責任確保這些水壩不會發生任何不可預期的災害，所以他們由原本僅採用壩體評估標準方法，改為實施大壩安全綜合風險管理辦法。我曾參與兩次綜合審查計劃，一次在愛達荷州，另一次在多米尼加共和國。

過去幾年，大壩的安全計劃有長足進步，已從測試新編制的政策、流程、組織架構，進而設立新的營運及生產模式。多項新構思已在過去幾年落實，包括實施新的綜合壩體安全規章、提升並操作 USACE 新的風險分析方法、成立中心、研發新的管理系統工具。USACE 審視壩體的目標如下：

- 確保壩體系統的營運和預期相同；
- 鑒定缺失以及需監控及立即修繕的區域；
- 持續評估壩體完善與否，檢查壩體隨着時間推移是否已產生變化；
- 收集相關資訊，並就未來的行動作出明智決定；
- 確定壩體的操作及維護是否適當；
- 確定當地贊助商有否守諾，遵守項目合作協議。

USACE 會以兩種方式審視大壩。第一是逐年檢查，以一年為基準確保壩體已適當地操作與維護。第二是定期檢查，交由不同界別的工程權威負責，每五年一次針對壩體條件做更仔細、更全面性的評估。定期檢查包括評估逐年檢查的項目、確認操作與維護是否適當、評估結構穩定性和系統安全性、以現時的設計及結構標準，與剛建構完畢時的狀態互相比較等。這種綜合性的壩體條件評估，在地震或嚴重水災過後尤其必要。

這項水壩安全檢視計劃非常實用，對許多水壩的安全性作出改善。然而，不少大型土木工程顧問公司對參與這項計劃仍感猶豫，原因有二：(1) 這項壩體檢視計劃酬勞太微薄，而且檢視內容也太簡略；(2) 萬一施行了壩體檢視計劃後壩體仍然倒塌，那要承擔甚麼責任？要在這樣簡短的參訪中，確認壩體安全並不可能。但很多小型土木工程顧問公司會有興趣參與計劃，藉以提升聲望，並趁機與 USACE、美國墾務局和其他國家水資源機構取得聯繫。

## 4.8 世界水壩委員會

在跨國河川上建立大型水壩，會對上下游的國家造成重大影響（尤其是下游）。有見及此，世界銀行及國際自然保護聯盟（International Union for Conservation of Nature, IUCN）於 1997 年創立了世界水壩委員會（World Commission on Dams, WCD），它是一個由各國集資成立的機構，對應反對構築大壩那逐漸響亮的聲音。WCD 被委託檢視構築完畢且行之有效的大壩，並針對壩體的規劃、建造及操作訂立國際通用的指導方針。WCD 發現 "水壩對人類發展顯然貢獻極大，帶來的利益也相當可觀。然而在很多案例當中，為了獲得這些效益，那些被迫搬遷的居民、生活在下游的社區、納稅人和自然環境都付出了無可估量的代價。"

世界水壩委員會匯集了超過 1,000 座大型水壩的資訊，並對各計劃的經濟效益以及社會和生態影響進行評估。委員會諮詢來自經濟學、生物學、社會學、歷史學及工程學等不同領域的顧問，旨在為壩體建構訂立一套綜合性的準則。世界水壩委員會在最終報告自稱為水資源及能源計劃的創新組織，目的是保護受壩體影響的環境和人民，並確保壩體利益的公平分配。

WCD 涵蓋重點區域的壩體改善計劃，包括對各項滿足供水和能源需求的方案進行評估、構築新壩前處理現存壩體尚未解決的社會議題、確保重要決策獲公眾認同，以及鑒定壩體造成的影響。

他們發現，建壩最多的五個國家，其壩體幾乎佔全球總數的 80%。單是中國就建立了 22,000 座大壩，接近世界總量的一半，而在 1949 年前，中國只有 22 座大壩而已。另外，四個前列國家，分別是建有 6,390 座大壩的美國、擁有超過 4,000 座大壩的印度，以及介乎 1,000 和 1,200 座大壩的西班牙和日本。

以下是 WCD 認可的壩體建設步驟，以供決策者參考：

• 首先評估其實際需求；

• 回顧各種可行替代方案；

• 在執行計劃前確認所有協議都有詳盡規劃；

• 在委任建造前確認計劃已為各方所接受；

• 監控壩體操作，並因應隨着時間推移所發生的轉變，並加以調整。

WCD 同時推薦下列七項重要的優先考量要素，供決策者參考：

• 大眾支持：透過協商、協議、教育等方式，讓民眾得知計劃的關鍵要素，以取得他們認同。要得到大眾支持，就要提供可靠訊息，讓利益相關者根據資料，有效率地參與決策。本地人在事前必須知情且同意，那或許不易達成，就要看怎樣界定大眾支持了；

• 對所有選項作出全面評估，不論是社會或環境的觀點，又或技術因素都一律重視；

• 從技術及社會層面重新審查現存壩體；

- 徹底了解全流域的河川生態並設法維護，因為我們要與萬物和諧共存；
- 要有壩體利益共享的認知；
- 要確認所有階段的程序皆符合標準流程；
- 要特別注意跨界影響。

最後，WCD 提供 26 條指導方針，說明如何選擇及實行大壩計劃，才能符合委員會的準則：

(1) 利益分析。這項分析的目的，是了解各種阻礙利益相關者參與的潛在因素，包括政治因素等。我們必須了解他們的權利並評估風險。但我擔心 WCD 會否只邀請受惠於壩體建設的利益相關者。

(2) 協商決策過程。WCD 邀請有興趣的利益相關者一同追尋公平的解決方案。

(3) 讓所有利益相關者（包含原住民及部落居民）在獲得充分資訊的情況下自由作出決定。

(4) 針對社會及文化遺產議題進行影響評估。

(5) 為環境、社會、健康及文化遺產等議題進行階段計劃評估。

(6) 多目標決策分析。綜合比較多方觀點，提出不同的結構施工過程，並審查評定各種替代方案。這是 26 條指導方針中最困難的工作。

(7) 長期的生命周期評估。

（8）溫室氣體排放分析。

（9）分佈分析：如何分配獲益與損失。

（10）社會及環境影響評估。

（11）加強經濟風險評估。

（12）水庫操作規範。

（13）提高水庫標準。

（14）基本生態調查。

（15）環境流量評估。

（16）維護漁業產量。

（17）基本社會狀況。

（18）貧困風險分析。這是對於低收入居民，特別是當地原住
民所做的分析，和人口搬遷有關。

（19）安撫、安置居民及發展計劃的實行。

（20）項目利益共享機制。

（21）履約計劃。

（22）針對社會及環境議題成立獨立審查小組。

（23）履約保證金。

（24）信託基金。

（25）廉政條約。

（26）河川共享方式。

以上 26 條準則的目的，或許是用來評估單一壩體、系列壩
體以及大壩建構過程所帶來的影響（多數為負面影響）。當然，世
界上有許多國家，彼此情況各異，很難提供一套適用於所有國家

的精細分析方式。只是，過往某些案例若依據這 26 條準則作出分析，或許結果會更完善。

　　WCD 製作了一本《WCD 公民手冊》，是一本內容共 59 頁的小冊子，可於線上參閱。這本手冊是國際社會認可的有效工具，能協助各地政府根據 WCD 報告書，建構出一套完整的水庫工程決策法規。這本手冊也協助受工程影響的人民，了解自己在水庫工程裏應有的權利。它也有助妥善安置水庫居民，以及監察水庫工程的規模與決策。

　　WCD 幾乎得到全球所有國家的支持。它喚醒了公眾關注水壩的負面影響，同時也扮演協調角色，讓水壩的支持者與反對者共同協商一套創新且雙方同意的評估方法，應用於計劃、決策、實施及操作上。WCD 正是基於以上訴求而成立，並接受各方所委託的任務，這做法非常有用。它的報告也有提及水壩的正面影響，但沒有對此作出評價，反映其利益相關者並不是從大壩結構獲益的人。由 WCD 這種著名的組織提供準則，以比較建壩和不建壩的替代方案，非常有公信力。

## 4.9　國際大壩委員會

　　國際大壩委員會（International Committee on Large Dams, ICOLD）是一個非常活躍的非政府國際組織，它為大壩工程的知識和經驗交流提供了一個平台。它成立於 1928 年，主要活動包括：(1) 組織一系列約每三年一度的大型國際會議；(2) 在特定年度舉辦大型水壩研討會，以協助某些國家；(3) 就以上會議出版報告；(4) 發佈一個相當有用的系列，那是經過三至六年專家討論的特定主題報告。委員會由不同的政府機構，以及大學和科研場所的研究人員所組成。

## 4.10　美國環境影響評估、環境影響報告書和環境評估

在美國，環境影響評估（Environmental Impact Assessment, EIA）、環境影響報告書（Environmental Impact Statement, EIS）和環境評估（Environmental Assessment, EA），都牽涉許多相當複雜的過程，本章只能介紹一些通用的概念。許多美國顧問公司和很多套裝軟件，均在不同領域協助和支援客戶進行這些工作。

環境影響評估（EIA）於 1960 年代首次在美國被納入決策過程。它包含技術性的評估，使決策更為公平客觀。EIA 的立法源於美國 1969 年制訂的《國家環境政策法》（National Environmental Policy Act, NEPA），而許多國家也於其後跟循，制定相關法例。EIA 比較像是輔助決策範圍，卻沒有列明要有多少環境分析才屬足夠，這個範圍以前通常都是由申請人自行摸索和決定的。EIA 要求，如果決策者仍決定進行這些項目，就要為其所造成的環境影響負起責任。

EIA 評估中有一個運用"模糊理論"的做法。EIA 需要測量特定的參數及變量，來估算對環境的影響程度。然而，很多環境影響，例如景觀素質、生活品質、社會認同等，都不能量化，而且不少指標都很主觀。所以，為了評估影響，我們可能要從以前相類似的 EIA、經驗及受災人口的觀感等獲取資訊。要探討這些不

精確、沒有系統的資訊，可以使用近似推測及模糊推論的方式，這就叫模糊邏輯方法（Fuzzy Logic Approach）。

環境影響報告書（EIS）是一部說明書，經 EIA 評估後，臚列了擬建項目對環境可能造成的影響或無重大影響的發現。

EIS 是美國另一項全面兼顧文件記錄及程序的做法。但在聯邦法院，即使準備充足的 EIS 也有可能被質疑。若有關機構無法準備一份可接受的 EIS，擬建項目將被否決而無法推行。紐約市哈德遜河（Hudson River）的韋斯特威垃圾掩埋場及其旁邊的高速公路便是鮮明例子。許多州議會採用的 NEPA 稱為 "little NEPAs"，目的是加強 EIS，確保它能對應這些州份的特定要求。有些州的法律，像是加州"環境品質法案"就提到需要進行進一步的環境影響研究。

這種種要求所產生的大量資料不只影響個別項目，同時也反映了目前科研的不足之處。

環境影響評估（EIA）是依據《國家環境政策法》所準備的環境分析，針對擬建項目對環境可能造成的正負影響進行評估，以永續發展的角度探討環境、社會及經濟方面的議題。聯邦執行機構要公開這份檔案，提供簡要而充足的證據與分析，來決定是否要準備一份更詳細的環境影響報告書，或是說明對環境無重大影響（Finding of No Significant Impact, FONSI）。

為此，聯邦機構已精簡了國家環境政策法規，美國已明確界定評估範圍，並將確定不會造成自然危害的計劃豁免，無須再接受國家環保局的審查。

## 4.11　其他國家的環境影響評估

　　許多國家都有自己一套的 EIA 條例，當中或多或少都有參考美國 1970 年實施的《國家環境政策法》。EIS 甚至成為開展計劃的必要條件。許多澳洲的州郡或領土更擁有自己一套法令，去補足澳洲聯邦政府的法規。歐盟某些國家同樣有法規補充歐盟的環境政策檢討項目。跟美國的 EIA 一樣，比較像是輔助決策的工具，而非決策工具。在過去，並沒有任何一個程序詳細說明需要評估的範圍，這個範圍以前通常都是由申請人自行評估，讓決策者考量了對環境帶來的必然影響後，再決定是否繼續進行計劃。國際影響評估協會（International Association for Impact Assessment, IAIA）把環境影響評估定義為"在決定及實施主要工程前，用以識別、預期、評估、緩和對社會、生物和其他相關影響的步驟。"EIA 令決策者為自己的決定所造成的環境影響負起責任，透過詳細的環境研究及公眾評論，找出這些決策的潛在環境威脅。

　　然而，環境威脅並不局限於國界。各式污染對大氣、海洋、河川、地下含水層、農地、天氣及生物多樣性都有不利影響。氣候變遷更是全球性的。一些特別的污染還包括酸雨、放射性輻射、外太空碎片、平流層臭氧破洞及漏油事件。1986 年 4 月 26 日的切爾諾貝爾核電廠意外，便是一個具毀滅性且屬跨國核污染的鮮明例子。

　　環境保護在本質上是一個跨國界的議題，許多跨國的雙邊或多邊條款已經成立。聯合國在 1972 年於斯德哥爾摩舉行聯合國人類環境會議（The United Nations Conference on the Human

Environment, UNCHE 或稱斯德哥爾摩會議）以及在 1992 年於里約熱內盧舉辦的聯合國環境與發展會議（The United Nations Conference on Environment and Development, UNCED，或稱里約首腦會、里約會議或地球高峰會）。約有 1,000 份國際文件基於這兩個會議而制訂，內裏都包含環境保護條款。

　　歐洲聯合經濟委員會正協商組成一個國際法定組織，來規範跨國的環境影響評估。然而，因為沒有一個全球性的立法或行政機關作全面授權，大部分的國際條約都未能互相配合。若要進一步發展，而有些國家卻發現違背自己的利益時，那就會和其他協議產生潛在衝突。國際間很多強制性協議總是一而再，再而三地無法執行，許多限制過度捕魚的國際漁業協議便是其中的失敗例子。

## 4.12　結語：對環境影響評估的建議

　　在環境影響報告書（EIS）及環境影響評估（EIA）中：

(1) 政府規範需要嚴格遵守，並對違法者處以重罰，以免有人以罰款了事，無視此項規範。

(2) EIA 的法規及範圍可因應最新的科學及知識而有所調整。

(3) 許多負面影響都比較不能量化。我們應研究如何加強運用模糊邏輯方法去比較正負面的影響。

(4) 應嘗試根據經驗，着力縮短和簡化 EIA 的過程。在實施眾多工程過後，我們應詳加了解這些特定工程的利弊，不要老是重複一些相同的步驟。若遇上同類工程，可以參考先前的 EIA 分析結果。在防洪工程計劃的 EIA 過程中，選建水壩還是堤防的爭議可能曠日持久，期間有機會出現大型洪水，造成財政損失和人命傷亡。因此宜縮短 EIA 過程所需的時間。

(5) 相較於只憑個別國家出力，我們更需要跨國合作的監控計劃，包括加強世界水壩委員會的權責。

(6) 在美國，EIA 的主要目的是為項目進行初步評審，看是否有需要進行更完整的 EIS。為了避免進行 EIS，可能需擴闊 EIA 的範圍，然而，不能因此把 EIA 變成像 EIS 那樣複雜。

(7) 有些時候在工程計劃結束後，應再進行 EIA，那可與工程前的 EIA 所預期的狀況作比較。覆檢的主要目的，是為了讓未來的 EIA 更有效率、更準確、更令人信服。覆檢可以重新審視原有 EIA 的準確性，讓我們能在未來調整做法，以減少工程帶來的影響。

## 4.13 拆除水壩

最近有很多拆除水壩的討論。過去數十年美國已有很多小水壩被拆掉，這些水壩被拆，絕大多數是因為存在安全問題，或是其水庫幾乎已填滿土壤。拆除水壩時不僅要關注生態，還必須先找到一條河流，把河流流量和漁業轉移過去。我們不能逕自打破水壩，讓大量的土壤傾倒至原有河流的下游。

以下舉加利福尼亞州最近批准自 1921 年以來最大型的水

壩拆除工程為例。那是高 32 米的混凝土聖克萊門特大壩（San Clemente Dam），其管道、欄杆和閥門都已生鏽，水庫裝滿泥砂，一直無法供水。拆除是因為這座大壩在 2002 年的地震後有很大的倒塌風險。

　　然而，有關當局不能只打破大壩，讓大量泥砂流入下游，損毀百餘個家庭。他們也不可能開動 25 萬架的大卡車運走淤積於水庫的泥砂。這項工程首先要找到一條河，那就是聖克萊門特溪（San Clemente River）。通過建設堤防和疏浚渠道，把這條溪與現有的卡梅爾河（Carmel River）在大壩上游的位置連接起來，然後再打破大壩。根據批准這項設計的國家海洋漁業局（National Marine Fisheries Service, NMFS）指出，魚類可以從舊的卡梅爾河，通過新的疏浚渠道和新河流游往太平洋。至於已拆毀的聖克萊門特大壩，則會種植本地樹木和其他植物，建設令人心曠神怡的環境。這項耗時三年的項目，成本約為 9,000 萬美元，其中一半金額將由 11 萬個原有大壩的食水用戶支付，其餘資金再由幾個政府項目分擔。

# 第 5 章 ｜ 中國一些河川議題

　　雖然我曾應中國不同機構邀請，透過私人會談或國際研討會探討各種河川議題，但卻從來沒有直接參與中國的河川計劃項目。我的數據和資料僅來自少數的私人談話及出版報告。身為水利工程師，我會以技術觀點討論一些水利和土壤運動，但對於中國政府如何計劃這些項目我並不知道。

　　我與中國工程師聯繫多年，深信他們不少人都認識最新的技術和方法，可解決各種複雜的技術問題，但是我未能取得他們的分析結果，因此無法詳加討論。

## 5.1　中國地理、河川和水資源

　　在我就讀國小時，對中國的最初認識，就是中國幅員廣大而且資源豐富。

　　中國在我們同學眼中非常廣大。年輕時，我愛讀諸葛亮征戰的故事，他晚年從四川舉兵進攻中原，因為糧草難以運送，導致軍事行動停滯不前。對很多年輕的中國人而言，重慶、四川已經

是中國的西部邊疆地帶，但當我在地理課第一次看到中國地圖時，
我才驚覺重慶僅處於中國中部稍微偏西位置而已，實際上中國人
口大多集中於東半部。

　　在我父親造訪西藏過後，我花了一些時間認識我們的國家
——中國。中國是一個土地遼闊的國家。根據統計資料，目前土
地最廣的是俄羅斯，共佔 1,710 萬平方公里，其次是加拿大，以
985 萬平方公里屈居第二，其後就是 963 萬平方公里的美國和 960
萬平方公里的中國。中國大部分陸地為高山、山丘、高原，因此
農作物的生長較為不易，僅 25% 的中國土地為平地，而這些高海
拔地區的其中一個好處，便是富含水力發電潛力。

　　中國是世界上壩體最多的國家，而其中多數的壩體仍處於建
造階段，還有一大部分在規劃中。既然水壩會嚴重影響環境，或
許我們應該暫緩有關行動，並評估到底需要多少壩體，才能滿足
未來的能源需求。中國西北部為高山地帶，溫暖而潮濕的季候風
無法吹到這個區域。它降雨量少，終年處於冬季狀態，沒有夏季。
另一方面，中國東南部受季候風影響，降雨量多。南方雨季始於
4 月，而到 7 月或 8 月，降雨會擴展至長江中下游地區，強風豪雨
也會於這個時候出現。中國許多地區的降雨量都甚為波動，舉例
而言，1967 年 10 月 17 日，台灣的新寮曾創下 24 小時 1,673 毫
米的雨量紀錄；而 1975 年 8 月 7 日，中國河南省林庄地區也曾於
24 小時內錄得 1,060 毫米雨量；1977 年 8 月，內蒙古時常乾旱的
地區也曾於 24 小時內降下 1,050 毫米雨量。因此，在進行任何防
洪研究時，都要更加小心分析設計雨量及設計流量。當然，若放

眼至大型區域，那平均雨量波動會比只針對小型區域為小。

## 5.2　中國水資源分佈

現時定義某一地區可用的水資源數量有兩種方法。

第一種方法，就是訂定這個地區目前能利用的可再生水資源總量。可再生水資源通常包含河川徑流、融雪、降雨和從其他流域固定注入的水流等。根據這個定義，若排除全球暖化之影響，一個特定區域之長期可用水資源預估量屬相對穩定。

第二種方法，是參照某些機構接納並推薦的水資源供應量計算方式。此定義為"總可用水資源量應包含可用的水，或是能變得可以利用的水資源"。

這兩種定義之主要差別，在於是否視地下水為像地表水一樣可以使用。實際上，這兩種計算量都難以解釋與決定，可用水量也受水的成本影響，只要願意付出較高的取水成本，便可讓某些地下水及地表水成為可用水；若成本更高，在某些地區甚至可將鹹水淡化成可用水。雖然第二個定義是由一些國際機構所建議利用，也似乎更加合理，但要定義可以利用的水量並不容易。從你個人擁有的土地所抽取的地下水，其實在法律上有可能是屬於你鄰居的。若有人為了增加當地農業用水而建構水壩，就會減少下游地區的可用水量。在這裏，我們也應該考慮水質問題，受污染的水是否能使用。

談到中國的各種水資源和河流問題，有一本著作很值得參考，那是《中國水利》，編輯是前中國水利部部長錢正英，於 1991

年由中國水利電力出版社發行。該書第一章指出中國的人均河流流量不敷應用。世界各地河流的每年人均流量約 9,360 立方米，而中國和美國的每年人均流量分別為 2,474 和 13,500 立方米。中國的人均河流流量只有全球約四分之一。不過這些水量未有考慮地下水、融雪和降雨所帶來的可用水。

下表 5.1 列出中國七個重要流域的每年河川流量（不包含該地區的地下水、融雪和降雨），和各個流域的灌溉土地面積及人口數目。這些數據均取自《中國水利》一書的第一章。

表 5.1 指出，黃河、淮河、海灤河和遼河等四條北部河川的人均水量遠少於南部的兩條河川 —— 長江及珠江。關於水資源的資料，台灣成功大學專門研究水資源的蕭政宗教授也有一部佳作 ——《水：水資源的歷史、戰爭與未來》，2004 年由商周出版社出版。

| 流域 | 河川年逕流量<br>（億立方米） | 人口<br>（萬） | 耕地<br>（萬畝） | 人均水量<br>（立方米／人） | 畝均水量<br>（立方米／畝） |
|---|---|---|---|---|---|
| 松花江 | 742 | 5,112 | 15,662 | 1,451 | 474 |
| 遼河 | 148 | 3,400 | 6,643 | 435 | 223 |
| 海灤河 | 288 | 10,987 | 16,953 | 262 | 170 |
| 黃河 | 661 | 9,233 | 18,244 | 716 | 362 |
| 淮河 | 622 | 14,169 | 18,453 | 439 | 337 |
| 長江 | 9,513 | 37,972 | 35,171 | 2,505 | 2,705 |
| 珠江 | 3,360 | 8,202 | 7,032 | 4,097 | 4,778 |

表5.1 中國主要江河流域年逕流量及人均、畝均佔有量

## 5.3　中國河川發展歷史案例

談到中國治河歷史，多半由大禹治水說起。相傳在夏朝時，禹的父親因為未能治理現今河南、河北、山東及長江流域一帶的洪水而遭到懲處。至於禹則花了 13 年時間，致力於洪水改道及拓寬排水渠道和河川，他還因太過忙碌三過家門而不入。禹的成功歸因於他的洪水治理原則 —— 分流洪水流量，而非單純攔截洪水流量。而禹也成為部落的領袖，後來更成了皇帝，中國能有幾個世紀免於洪水威脅，都要歸功於禹。當時中國還沒有文字，所以這些故事都是後來才記載於像《史記》的一類史書中。

另一方面，中國史書也明確指出，中國人民在過去幾個世紀以來，一直斷斷續續在對抗洪水災害。社會不穩與洪水為禍有明確關聯，或許正因為沒有防治洪災，才會造成社會不安定。中國多數人口集中於十個流域，根據中國水利部 1980 年的調查，這十條河川為長江、黃河、黑龍江、遼河、珠江、海灤河、淮河、浙江的錢塘江、閩南的閩江，還有西南方的河川系統，包括瀾滄江、怒江和雅魯藏布江。

在悠悠的歷史長河裏，中國在早期已有許多水資源開發工程。本書只簡短介紹三個早期河川工程。

第一個是灌溉水渠。歷史中許多才智過人的政治領袖，皆會使用這些新開發的渠道，將灌溉用水分流給農民。這些渠道有利社會穩定，並使國家富強，得以戰勝敵人。第二個是極為出眾的工程 —— 都江堰，作用為輸送灌溉水流並減少其泥砂含量，以供應四川地區的農業用水。這項卓越工程至今仍在使用。第三個是京杭大運河，從中國南部引水至中國北部。這條大運河到今天仍在運作，為目前計劃從南部引水至北部的三條路線之一。以下再簡述這三個例子。

（1）灌溉水渠：一直以來，中國都是農業大國，因此從古至今建造了許多有名的灌溉渠道，陝西省的鄭國渠就是其中之一。它是秦始皇於公元前 246 年建造的，用以灌溉 40,000 公頃土地，作物收成所得為秦始皇提供攻佔整個中國的財資。

（2）都江堰：許多中國河川的特色都是含砂量大。若水流主要用於灌溉，這些多餘的泥砂會遏止農作物生長。都江堰是李冰父子於公元前 256~251 年建造的，取四川省岷江上層及外部河灣的水流作為灌溉用水。幾年前，我曾參訪這項傑出工程，並着實感到驚艷。首先，灌溉水流是取自河灣外側邊緣泥砂較少的地方，然後底部含有較大顆粒沉滓的灌溉水，會於寶瓶口前透過外江排回岷江。這是一個複雜的問題，涉及建立橫向的河流流量。也是愛因斯坦教授（Professor Einstein）向我提出的考試問題之一。幸運的是，我給出了正確的答案。幾年後，我很驚訝地發現，原來 2,000 年前中國人已經運用這個原則了。

儘管李冰父子是否工程的主要設計者仍受到質疑，但無論是誰建造的，都值得讚揚。圖 5.1（頁 108）是工程的草圖，這項灌溉工程數千年來為四川地區逾 10,000 公頃土地提供用水。

在過去 2,000 年，都江堰是世界上唯一一項有能力把灌溉水流內的泥砂淤積大幅減少的灌溉工程。

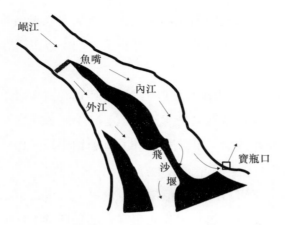

圖5.1　都江堰工程草圖

（資料來源：蕭政宗著：《水：水資源的歷史、戰爭
與未來》，台灣：商周出版社，2004 年。）

我與朋友們於2000年在都江堰留影。左起：妻子曾慶華、我、匹茲堡大學邱照淋教
授、邱教授妻子李富美女士、台灣大學郭振泰教授、郭教授妻子楊光湘女士、顏教
授妻子趙慧如女士、伊利諾伊大學顏本琦教授。

　　(3) 京杭大運河：中國古代的主要河川都是起源於西部高地，流向東部海岸，而主要運河都是在南端的杭州到北端的北京之間開挖。公元前 490 年，吳王夫差開始在蘇州建造運河，以便在南北之間運送物資。後來，吳王被美女西施所迷倒，那女子的美貌據説能沉魚落雁（古代讀書人竟能想出這樣的詞彙來形容美女，真令我感到不可思議）。這位帝王後來荒廢政事，最後被擊潰，在公元前 490 年自殺身亡。其後的隋朝及接下來的許多朝代，皆致力於發展京杭大運河的各個部分。而中國政府也正在擴展京杭大運河，作為南水北調計劃東部路線的其中一段。

## 5.4　河道管理

　　中國大陸或台灣大多數河川皆有一個特點，就是泥砂量大。若沿着河床底部的平面觀察，河床的坡度通常會隨着距離增加而減緩，流速也會隨之遞減。由於河水的泥砂挾帶能力大致為流速的三次方，所以當河床坡度持續減緩，泥砂挾帶能力減弱，就會有越來越多泥砂在河床底部沉澱，水位也會因河床泥砂堆積而提升，有可能淹沒河堤。因此，這種沉積現象對於防洪管理人員來説很是困擾。泥砂淤積也會使水庫壽命縮短，對水庫建造者而言也是一大難題。

　　長久以來，我們治理河道時，都以穩定河水流況（即河流的自然趨勢）為首要任務，然後才考慮泥砂沉積的問題。現在我們處理含砂量嚴重的河川時，必須改而將河川流況以及泥砂沉積並列為優先議題。

　　要解決泥砂量大的問題，基本上有三種方法。

　　第一種方法是利用水土保持措施，減少上游進入河流的泥砂量。那包括種植植被、建造小型防砂壩和減緩上游河道坡度等。這通常是最佳辦法，但需較長時間才能達到成果，若該流域的坡度陡峭或土石鬆散，這種方法的效果會大打折扣。據我所知，許多中國農夫就利用上游小型防砂壩淤積的土壤種植玉米等農作物。

泥砂沖刷在黃河上游。

　　第二種方法是先讓水流挾帶泥砂，然後在下游地區把泥砂從水流中分離出來，改道而行。這種方法的前提是在下游找到一條輸砂能力高的支流作為分流。這種方法得到清華大學水利系的黃萬里教授和一些學者推崇。黃教授指出，我們應該要在黃河下游尋找支流，用以給泥砂改道和建立濕地。但很可惜他沒有指出黃河哪個位置適合安置這些泥砂，那是整項建議方案的成功關鍵，因此他的黃河治理計劃並未完成，未能採用。

控制泥砂沖刷管理。

　　而在長江，我們顯然也不能再讓更多泥砂傾瀉至長江口，因為那會破壞上海附近的港口，阻礙了許多中國的貨物進出口。如果可以，我們也應參考黃萬里教授的提議，在長江實施泥砂分離改道。現在仍有大量船隻停駐在長江口外，待漲潮河水水位夠深時駛入港口，或許長江口經過改造後能增加效能和吞吐量。我知道世界最大，位於荷蘭的代爾夫特水工研究實驗室（Delft Hydraulic Research Laboratory）以及南京大學的學者曾研究其可行性。

　　第三種方法是在上游興建一系列水壩，讓泥砂沉澱在沿途各個水庫中，這也是水利專家王化雲先生的主張，也曾運用於中國黃河部分河段和美國密蘇里河。

　　在某些河川系統裏，我們可以在上游和下游部分分別採用不同的治理方法。目前黃河上游選擇建造壩體，下游則選擇把泥砂改道。我會在 5.10 節討論黃河時再作介紹。

　　《中國國家地理》雜誌在 2004 年 11 月探討了全世界的河道治理這個重大議題，但卻完全沒有觸及泥砂沉滓。他們詳細分析了黃河氾濫引致改道的歷史，又對歐洲的萊茵河（Rhine River）和澳洲的墨累河（Murray River）等河川的行為做了詳盡的整理，但忽略了歐洲與中國河川有不同的自然條件。歐洲河川都沒有多少泥砂沉滓，然而中國許多的主要河川卻含砂量高。許多河道治理專文的作者都完全忽視了中國河川嚴重的泥砂淤積問題。

　　面對多餘泥砂沿着河床底部堆積的問題，有人會提議加高兩側護岸來防止洪水溢出，但那不是正道。因為蓋過高的防洪牆也是極其危險的，護岸設施的穩定性及河水滲漏問題都令人擔憂。

我們也可以考慮不採取任何措施處理土砂，改為限制工業、人口和農業用地的擴張，以預留更多空間待河道因泥砂堆積而變淺時，再向四周自由拓展。可是這種觀點並不適用於極度擁擠的中國，所以我們都要設法在大自然和工業發展之間取得平衡。過往，黃河正不斷沉積更多泥砂，水位提高，水流溢出河岸，河道自由向外擴張、變寬，甚至改變流向。因此在歷史上黃河經歷了數次改道，並因而需要重新安置人民，讓他們遠離洪水。

各種措施都有不同的長遠和短期影響，這讓我想起我跟一位朋友的討論。他是美國科羅拉多州立大學卓越的科學家士丹利·舒姆教授（Stanley Schumm），我們曾花逾十年時間一起進行幾項研究，分析河川地質的變遷情況。有一次，我們一起去南美洲的牙買加視察河川系統，他向我介紹了那邊一些河川的歷史。他覺得工程師很幸運，因為只需要考慮以 100 年為限的事情，但地質學家要判斷河川地質構造，預測遠多於 100 年。我立刻反駁，說他才是真正幸運的一位，因為工程師的一些預測會在有生之年被人推翻，但千年以後如有人說地質學家的預測錯誤，他也聽不到了。我們彼此尊重，同時都嚴肅對待我們的工作。我們往往會多次修改聯合報告，直到達成共識，得出共同接受的結論。有一次，他告訴他的研究生在撰寫畢業論文時不要再追隨我的工程風格，將結論條列出來，反之，舒姆教授更傾向把結論寫成像一個連綿不斷的故事。無論如何，工程師在任何案例上都應該考慮遠超過100 年年限的情形。

## 5.5　簡述長江與三峽大壩

　　長江是中國最長、世界上長度排名第三的河流。長江流域超過 1,800 萬平方公里，平均流速（這取決於如何觀測流量延時（Disharge Duration））約每秒 32,000 立方米。兩個重要的湖泊 —— 洞庭湖與鄱陽湖和長江相連。大約有三分之一的中國人口鄰長江而居。三個大城市，包括重慶、上海和武漢都位於江邊，中國或許有高達 40% 的國內生產總值（GDP）來自這個區域。不過，長江也有數之不盡的洪水災害。洪水主要發生在 5 月到 10 月，7、8 月受暴雨侵襲時更為嚴重。長江的汛期長，洪水通常為時 15 天，其洪峰流量來自多條支流，沿岸主要城市的洪水期更可長達 50 天。過往多年的平均洪峰流量約為每秒 50,000 立方米，洪峰流量和洪水體積都相當可觀。

　　長江的洪水流域通常可分成三個區塊：上游段是從上游端到宜昌，"湖口"則是長江中游段和下游段的分界點。長江下游河段為已完善開發的區域，中游河段是較少建設的開發中區域，上游正準備開發。圖 5.2 是宜昌下游之洪水控制計劃，取自錢正英的《中國水利》一書。重慶位於宜昌上游，所以沒有收錄在圖中。

　　以下主要討論長江上的三峽大壩。它是混凝土重力壩，高 181 米，長 2,335 米。溢洪道容量為每秒 116,000 立方米。水庫長度約為 600 公里，容量為 393 億立方米，表面面積稍為超過 1,000 平方公里。正常庫容時的最高水位為 175 米，發電量為 2,250 萬千瓦，五級船閘每次可讓約 10,000 噸的艦隊行駛。大壩各個區段從近到遠分別為：水力發電區域、溢洪道區域、另一發電區域，最後為航運區域。據我了解，沖洗泥砂設施已建於橫跨整個大壩的發電廠房下方。

　　根據季學武主編的《三峽工程水文研究》（湖北科學技術出版社，1997年，頁140~191），三峽工程的洪水水文研究資料如下：

| 1. 洪水頻率（多少年才出現一次） | 1,000 | 200 | 100 | 50 |
|---|---|---|---|---|
| 2. 最大流速（每秒立方米） | 98,800 | 88,600 | 83,700 | 79,000 |
| 3. 洪水最嚴重的15天的總流量（億立方米） | 912 | 833 | 797 | 757 |
| 4. 平均年度總流量為4,510億立方米或每秒14,300立方米。 | | | | |
| 5. 防洪庫容為221.5億立方米。 | | | | |

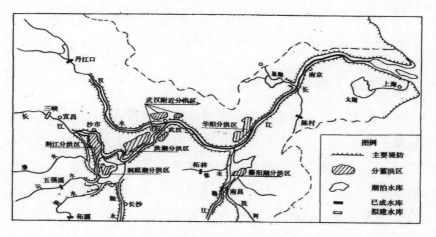

圖5.2　宜昌下游之洪水治理計劃

（資料來源：《中國水利》，錢正英著，中國：水利電力出版社，1991年。）

　　從第3項及第5項可見，該水庫只能儲存約28%的百年一遇洪水量。因此，當遇上大量洪水時，水庫必須不斷把水釋放出來。很多人強烈反對大壩工程，因為造價極高，也會造成很多環境傷害，與此同時它卻只能儲存比例相當少的洪水量，不能為下游減少很多洪水損害。我將在 5.8 節討論這個非常重要的問題。

　　因為這座水壩對中國社會的正面與負面衝擊均十分重大，所以即使水壩已落成，但世界各地仍有人對這項大壩計劃提出反對聲音。如前幾章所述，要分析水工結構物，我們可善用風險分析。是否興建三峽大壩均有水利風險，我們必須同時分析這兩種風險。我無法確定這座大壩應否興建，因為我無法評斷這項計劃對中國造成的所有正面和負面影響。以下我會先列舉一些關於正負面影響的重要觀點，接着會按我所知道的資料提出一些想法，最後會對這些相當複雜的水文和輸砂風險作評論，並提出一些解決方法。或許中國工程師已有方法處理這些議題。

## 5.6　三峽大壩的正面影響

　　三峽大壩是關乎全中國社會發展的重大項目，最主要目的是保護下游河川居民免於洪害、供應水力發電、改善河川航運以促進長江上游發展等。按照目前的局勢，此壩也成為南水北調計劃的關鍵一環。雖然我沒有詳細數據評估該壩的正面效應，但我認為三峽大壩有助中國西南地區迅速發展，包括長江流域上游河段的重慶。該市已是中國人口最多的城市，人口逾 2,900 萬。

　　如果沒有三峽大壩，只要洪水流量大於每秒 70,000 立方米，便會為長江三峽下游帶來洪災。有了這座大壩，則可儲存部分洪流。我將在 5.8 節詳加討論。

## 5.7　三峽大壩的各方評論

如本書反覆強調，一項計劃必須理論正確、財政許可、環境可持續，還有得到社會和政府支持。三峽大壩就是最佳的討論案例，世界各地許多人抨擊三峽大壩，都是從這些觀點出發，以下將一一簡述。

1992 年 4 月 3 日，在第七屆全國人民代表大會上，長江三峽大壩建案以 1,767 票（67.7%）贊成、177 票（6.8%）反對及 664 票（25.5%）棄權通過，這是中國國會首次僅以約三分之二的贊成票通過議案，顯然許多人都非常反對興建三峽大壩。在這之前，優秀學者如雲的中國人民政治協商會議全國委員會由副主席兼傑出科學家周培源先生，帶領 182 名成員參訪三峽大壩位址，並在周遭各省進行調查。在造訪湖北省和四川省的七個主要城市後，1988 年 11 月 9 日周副主席向中央政府呈交報告，說他們以 "非常謹慎的態度擔憂這項計劃"。他們提出兩大問題：第一，先整治主河道還是支流；第二，要立即啟動還是延後計劃。不同省份的民眾也各有意見，儘管四川省對供水工程有迫切需要，且延後三峽大壩的決定將對各機構的規劃工作相當為難，但緊絀的財政並不足以支持一項這麼龐大的計劃，因此他們認為應該延後建設。在美國，若無了期延後就等於扼殺了這項計劃，然而，我不知道他們的建議是否也會扼殺這項計劃。

此外，以孫越崎為首的全國政協十人團隊，在 1988 年 11 月下旬也遞信給中央政府，具體討論三峽大壩的各種問題和疑慮。第一是資金不足；第二是水庫泥砂淤積問題；第三是如何安置逾

100 萬人；第四是船閘系統的設計和操作困難；第五是環境問題；第六是地震和戰爭風險。他們建議先整治主要的支流，延後開發主流。在 177 名反對的委員中，這些意見獲絕大多數人接受。

身兼三峽大壩評審委員會顧問與全國政協經濟委員會成員的陸欽侃，為贊成和反對興建大壩總結了幾個主要理由，那包括：

1. 主流的主要工程需耗時超過 12 年，財政需求甚大且難以估算。

2. 延後三峽大壩計劃可給予水土保持工程更多時間，以減少三峽大壩未來的泥砂問題。

3. 若類似 1954 年的洪水再度發生，三峽大壩到底能為下游消除多少洪水威脅仍是一大疑問 (這個問題會在下節討論)。

4. 中國急需電力，而在支流建立較小的水力發電廠，會比在三峽大壩建造主要電廠來得快捷。

5. 在葛洲壩，泥砂沉積在壩體，影響了航道水深，三峽大壩可能有同樣情況。

6. 設計與建造三峽大壩所需的技術知識與經驗，均遠超過我們甚至全世界以前所建的水壩，有許多因素仍是未知。

回想起來，中國水利電力部曾有人來美國，詢問我和其他人可在哪裏找到設計及操作多級船閘的經驗，我說或許可以效法歐洲的工程師，在美國我看不到有任何超過一級的船閘建設。

在 1988 年 10 月 16 日全國政協的第七次常務會議上，前水利電力部副部長李伯寧提出一份報告，捍衛三峽大壩計劃。他指出："三峽大壩是中國社會發展一項極其重要的計劃，這項偉大的工程將帶來洪水控制、水力發電、航運和其他益處。中國國民政府、美國的專家學者以至中國共產黨的政府，在解放前均已研究這項計劃多年，並曾設立 14 個專家委員會進行調查研究，現在的基本情況就是那些疑慮都有正確的解決方案，我們並沒有任何未解決的技術問題。我國部長的政策就是要治理整個河川體系，主流和支流一起整治。這些年除了葛洲壩的幾條支流外，這個地區的大部分支流都已整治。在長江的支流中，我們已興建了 48,000 座水壩，總庫容達 122 億立方米，我們也建立了 23 億立方米的防洪牆。1860、1870、1931、1935 和 1954 年的長江及 1985 和 1986 年的遼河曾發生洪水，重創人民的生命財產，我們必須負起責任，作出補救。我們已經為三峽大壩爭論超過 30 年了，若另一次嚴重的洪水在我們爭論之時發生，誰要為死去的人民和損失的財產負起責任？"

在接受記者訪問時，全國政協委員和前國家計劃委員會副主任林華先生質疑政府官員以及其發表的統計數據。他說早於 1985 年，三峽大壩計劃是由國家計劃委員會負責評估，並由全國政協從旁協助。現在這項權責卻移交水利電力部，然後問題又從"應否興建"變成"要如何讓大家同意興建"。該部的技術人員少於 30%，多數人員都是從社會和政治立場考核這項計劃。任林華強調應盡速讓領導看到真實情況，方可作出正確決定。他同時質疑政府某些評估的可信性。

　　在訪談全國政協的其他委員期間，他們提出了更多關於大壩的負面影響，例如財政影響、環境影響、泥砂淤積影響、人口安置的影響等。有人覺得三峽大壩沒有能力防禦像 1954 年那種規模的洪水，也有人覺得所謂航運改善是政府誇大其辭，更有人覺得將三峽大壩的資金用於教育政策更為明智。有些委員質疑大壩計劃的反對意見沒有受到正視。

　　台灣文統圖書出版社於 1993 年出版的《福兮禍兮 —— 長江三峽工程的再評價》一書，對三峽大壩進行了諸多抨擊。作者王維洛是一位都市計劃工程師，他顯然對三峽大壩的營運和規劃有很多經驗和想法。後來的很多反對意見都是建基於他的言論。他引用了三峽論證泥砂組的林炳南教授所寫的書《泥砂》內的一個圖表，在水利實驗室內建立一個小物理模型研究河水流量行為，指出三峽大壩在百年內就會全部淤滿。我沒有林炳南教授的書，也沒有這些實驗的結果，因此無法作出評論。

　　《福兮禍兮》的第二個論點，是在洪水期間操作這個水庫有困難，那引伸到三峽大壩未能減少下游的洪水災害的問題。我會在爾後討論。

　　香港鳳凰衛視曾拍攝一輯紀錄片，介紹了三峽大壩的發展及營運，很富啟發性。我的好友前清華大學水利系的府仁壽教授就是節目中的解說員之一。三峽大壩計劃的設計總工程師潘家錚博士在幾年前曾從北京飛抵武漢，和我一起參觀壩址，不過本書所闡述的看法純粹來自我的經驗和意見。

## 5.8　我對三峽大壩的評論

　　三峽大壩對中國社會有重大和深遠的影響。我為這個題目曾讀過幾本書、看過一些公開報告，以及與不同機構的中國和美國的朋友討論過，我會在本節末根據我的泥砂和水利分析專業背景提出一些討論。我無法從金融和其他專業角度評論此項計劃，只能指出它背後複雜的水利和泥砂風險。以下先談一些影響，但注意那並非按重要度來排序。

**甲部、三峽大壩的正面影響**

1. 它通過水力發電，提供了中國急需的電力。
2. 它增加了就業機會，這對新興國家很重要。
3. 它改善了河道航運，使長江貨物得以雙向流通。
4. 在比較過興建與不興建壩體之後，我確認它能減少下游洪患。如果沒有三峽大壩，只要洪水流量大於每秒 70,000 立方米，三峽下游就會蒙受洪災。

　　我的估算是，若三峽大壩的流量有適當管理，當遇上相當於或小於百年一遇的洪水時，三峽大壩能助下游避免發生洪災。

**乙部、三峽大壩的負面影響**

1. 它嚴重影響周圍環境，例如將未經處理的垃圾排入水庫、淹沒了極具歷史價值的古蹟遺址、改變天然河道流向等。
2. 它令超過 100 萬人失去原有的生活型態，被迫另覓家園。

3. 大量泥砂沉積在三峽水庫區，將縮短整個項目的壽命。

4. 重慶市內的河川港口將來會填滿泥砂，可能需要挖掘河底。

5. 它會帶來更多地震，雖然這個說法還未能確定。希望科學家能夠證實大型水庫是否會增加任何類型的地震。諾貝爾物理學獎得主歐文・張伯侖教授（Owen Chamberlain）曾和我一起在加州大學柏克萊分校的教職員餐廳用餐，他告訴我將大量的水推入地面，有可能觸發小型地震，還說那甚至可反過來減少大型地震發生的風險，但我不記得他是怎樣論證的。水庫與地震頻率的關聯是一個更需關注的重要議題。

6. 大壩和它的水庫會擾亂特定的漁業活動，甚至關乎業界存亡，但我不肯定影響範圍有多深遠。

7. 航運改善的效果有限。

8. 它在某些案例裏並未能紓緩下游的洪水災害。

## 丙部、我對水力風險及泥砂問題的評論

### 水壩的水力風險

如第 3 章所言，現時在美國，我們相信所有水工結構物都有特定的風險，所以只能盡量降低風險，卻不能完全消除風險。這種風險觀念會令一些民眾難以接受。但謹記若沒有水壩，洪水災害也是一個天然的風險。雖然建造水壩會對我們造成一些負面影響，但它也能讓我們管理洪水，以減少洪水災害的風險。

現在必須想想幾個問題：這座水壩有多大？足以容納多少洪

水？它能把下游居民的損傷降到最低嗎？該壩溢頂的水利風險又有多大？而另一個相關問題是：「如何」透過此壩排放大量洪水，在排放到下游的過程中達到最小的傷害？

　　我為俄亥俄河（Ohio River）的奧姆斯特德水壩（Olmsted Dam）從事水力設計時，曾面對過這種問題，但那要比三峽大壩簡單得多。奧姆斯特德水壩恰好位於俄亥俄河與密西西比河的匯流點。我們設計時必須考量到上游俄亥俄河釋出的水量和下游密西西比河的水位高度。

　　回到三峽大壩的議題。假設我們是管理人員，負責決定三峽大壩應排放多少洪水水量。因為溢洪道建在水壩的頂端，所以當水位低於水壩的引入口時，這個溢洪道便無法放流多餘的水量。壩體底部附近有一些水閘，還有水力發電的引入口，兩者都可同時排放水庫水量。當長江洪水到達時，氣象部門應持續向我們通報上游流域不同地區未來的可能降雨量，而我們也需要直接與上游水庫的操作者取得聯繫，還要有可靠的降雨逕流模式，用以評估整個上游的降雨和逕流狀況，進行洪水演算，預測水庫的可能入流量。

　　我們必須估計可能的洪水量和洪峰進入三峽大壩水庫的情況。在 50 到 60 天內，長江可能會有許多個洪峰進入三峽大壩水庫。我們也必須考慮下游水位的變化，而此水位的變化與降雨量，以及洪水期間漢江流入長江，以至洞庭湖與鄱陽湖匯流至長江的流量都有關。三峽大壩的下游水位不能超過它的防洪標準，若三峽大壩下游水位已高，大壩可排放的流量就要有限制。換言之，我們必須考慮三峽大壩上游流入的洪水特性與大壩下游的可能水位，按這些機率來進行風險分析。或許我們也可以利用累積洪水量或洪水型態，以至其他方法來簡化這些機率分析。

幾年前中國國務院邀請我為他們評估防洪需求，我建議他們以不同地區的即時氣象雨量預測、雲層移動以至水庫的排洪狀況為依據，來發展一套完整的數學模型，以輔助中國主要河川的防洪管理工作。

我了解三峽大壩在支流產生在高陡坡超臨界流時（Supercritical Flows）無助防洪，因為在這種情況下，尾水水位（Tail Water Elevation）不會改變上游流量的情形，可是高陡坡處不會有太多人類發展。

對於有人說三峽大壩在許多洪水事件中，都無法減緩下游的災情，我並不明白原因。只要三峽大壩放流的水位低於沒有興建水壩時的自然水位，那麼三峽大壩對於降低下游的洪水災情便有幫助。換句話說，如果三峽大壩下游的最大防洪量為每秒 70,000 立方米，假若沒有三峽大壩，任何時候洪水流量大於每秒 70,000 立方米，三峽大壩下游就會蒙受洪災。有了三峽大壩，它可以通過水庫儲存部分洪水，便可令下游倖免於難。所以說大壩在任何情形下皆不能緩解洪災是不正確的。我們應該比較三峽大壩興建前後的洪水災情，作為評論依據。切記，所有水利工程都面臨一定風險，問題在於我們是否願意承擔龐大的建造經費，以及大壩興建前後造成的負面影響。另外，我們是否要承擔這些水利風險，來換取其他益處。

　　如要確保三峽大壩能有效減少洪災，那麼其流量調節，包括在洪水時節來臨前的水庫水位設定，便是非常重要的工作。幾年前我受中國政府邀請時，已指出河水流量管理的重要性。現在我們必須仔細制定所有管理上游水庫的法規，首先要有一套可靠的區域天氣預報計劃。此外，我們必須創造一個基於風險的數學模型來管理所有上游水庫，我們要求：（1）每個水庫的水都不超過庫容；（2）從每個水庫釋往下游的水，必須不超過下游的防洪標準；如果流量在水庫將超過水庫蓄水容量，那麼我們必須釋放從水庫不超過下游防洪標準，因此在水位前的汛期設置很重要；（3）從水庫釋放的水應該能滿足漁業的某些要求；（4）在汛期結束後，各水庫的水位應提高，以增加水力發電。規劃學家、生態學家和工程師可按以上要求解決難題。

　　據我所知，三峽大壩的設計標準，是對抗百年一遇的洪水，我不知道他們怎麼決定這個標準，但在西方國家，像三峽大壩如此大型的水工構造物，應會採用更高的標準來設計。另一個問題是當地有許多非常極端的洪水紀錄，但我不清楚有多少事件屬於離羣值（Outliers），即該事件並不構成一種趨勢，也不了解他們洪水統計分析的信賴區間（Confidence Interval，那是一種函數，可顯示你對預測具有多大信心）。由於我欠缺這些數據，所以無法作出討論。但對於歷史上曾出現的極端洪水紀錄，我真的感到不安，在極端的洪水中，三峽大壩仍可能會發生溢頂的情形，令下游地區發生洪災。然而，即使如此，下游所受到的洪災還是比沒有興建大壩為小。

現在位於漢江上的丹江口水庫，已經被規劃為南水北調中線工程的渠首，因而將會擴大，此後我們可以利用丹江口水庫加強控制和調動漢江的水量，藉以降低三峽大壩下游的水位。將來至少會在三峽大壩上游興建五座水庫，這些水庫能減少分流至三峽大壩的洪水和泥砂量。由於要妥善管理這一系列水壩的流量，流量操作在未來將顯得更為重要。

### 泥砂議題

基本上，有五個重要的泥砂問題。

第一個問題，是三峽大壩淤積泥砂，將縮短水庫的使用年限。根據我所得的資料，三峽大壩的完整庫容量為 393 億立方米，防洪庫容為 221.5 億立方米。物理模型實驗與數值分析顯示，往後 100 年的泥砂將會淤積 165 億立方米的庫容量，剩下的庫容量則為 228 億立方米；而根據政府估計，百年之後所有進入水庫的泥砂將會被完全排出水庫。中國的研究人員以接近十組物理模型，進行規模和特色不一的試驗，以探討其可行性。我沒有這些實驗的結果，只能按其結論作一些推測。以黃河上的三門峽水壩為例，透過較小的壩體清淤會容易得多，然而，三峽大壩卻位處十分寬闊的斷面，同時也很難控制側方面流量的洩洪沖砂能力。若說 100 年後不論是正常還是緊急情況，所有流入三峽水庫的泥砂都能完全排出，泥砂對水流管理沒有任何影響，卻不看物資模型的結果，實在令人難以接受。

第二個問題，是大壩可能會阻礙河道航運，特別是上游端重慶港埠的水庫，這是黃萬里教授最大的擔憂。他大聲疾呼指出那會促使我們很快就拆除三峽大壩，因為入流的泥砂沉滓會淤滿整個重慶港埠，可是我找不到他的計算方式。然而，根據初期進入三峽大壩的泥砂量來計算，他的憂慮可能成真，但是將來至少會在三峽大壩上游興建五座水庫，這些水庫會減少分流至三峽大壩的洪水和泥砂量。此外，我們也能提出一些因應措施，改善現況，不一定要拆壩，或許挖掘河底泥砂是更好的解決方案。

　　第三個問題，是在廣大的壩體採用相對狹長的渠道，其沖刷泥砂的效率。中國已建立多種規模的物理模型與各種試驗樣本以改善沖砂機制。我尚未研究這些結果，無法作出評論，不過，我仍然對於他們的假設存疑。當泥砂在水庫的淤積量已高，將來進入水庫的泥砂真的可以完全排放掉嗎？很可能有需要挖掘河底的泥砂。必須注意不能讓泥砂沉滓進入發電廠房的渦輪葉片，以免損壞葉片。政府或已考慮了這種可能性。

　　第四個問題，是三峽大壩下游河床可能出現侵蝕。但由於我缺少這方面的數據與資料，不能予以評論。

　　第五個問題，是水庫河道的邊坡在水位急劇減退時可能出現崩塌。長江水利委員會把水庫水位的下降率，限制為每小時少於 2 英尺（0.6 米），以解決這個問題。

　　三峽大壩最終於 2006 年落成，已經運作了數年。它的淤砂問題是否嚴重？我分別查看了長江水利委員會 2010 年和 2011 年的泥砂報告，就淤砂問題，我觀察了三個斷面：S205、S113 和 S109，這些斷面分別位處距離三峽大壩上游的 356 公里、160 公里與 154.5 公里處，也是最接近水庫上方的斷面。2003 年至 2009

年之間的泥砂沉積最為明顯，但是 2009、2010 與 2011 年的泥砂沉積數據卻有變小的趨勢，我不了解背後原因，但我在下一段會作一些可能的推測。很可惜我並沒有距離三峽大壩上游約 600 公里處，靠近重慶的斷面數據。那兩篇報告指出，清淤工程使重慶地區的河流斷面間的侵蝕與沉積活動，出現了大幅變化。

　　泥砂沉積速率所以比預期低，可能涉及三個因素。

　　第一個因素，是即使過去幾年的流速與歷史紀錄略同，但近年來高流速的紀錄比歷史平均數少。高流速能帶走更多泥砂，理論上河流的輸砂能力約為河流流速的三次方，假如河川流速變成兩倍，輸砂能力將增至八倍。因此高流量紀錄變少，沉積也少。如果我集齊所有詳細數據，便能從歷史資料估計高流速紀錄不足時，對三峽庫區泥砂量所造成的影響。我不知道他們為何沒有這些估算，但無論如何，假如未來高流速紀錄回復到平均值以上，泥砂沉積會否惡化？

　　第二個因素，是上游的水土保持措施，減少了帶入水庫的泥砂。可是我擔心，水土保持會否也只有一定限度？當然，我們可以嘗試想辦法持續改善上游的水土保持措施。

　　第三個因素，是實行泥砂清淤策略，而這些清除的淤泥會用於建築。查看了政府的記錄，我認為這種影響相當顯著。在 2011 年，年清淤量約為水庫泥砂淤積量的一半，但我對這些數字不能確定，畢竟重慶地區的侵蝕與沉積活動變化很大，而建築行業也可能會虛報實際挖掘的泥砂量。我很擔憂隨着建築活動不再活躍，清淤工程減少後，未來進入水庫的泥砂量會怎樣，這也是黃萬里教授最大的擔憂。

　　由於高流量的紀錄變少，水庫清除了底部淤泥，以及水土保持的關係，讓三峽大壩水庫的淤積量比預期為少。但這些影響將持續多久呢？我們必須仔細研究目前的情況，進行未來預測，實際上所有結果皆可合理估算。對於因為高流量紀錄減少而泥砂運移量不足的地區，有一條按蒐集數據來推算的經驗公式可能適用。富經驗的水土保持人員可與優秀的工程師，一起估計未來的水土保持策略趨勢，而我們至少可以粗略估計需要進行多少的清淤工程。這些資訊有助我們未來管理各個河段。

## 5.9　三峽大壩的評論總結

　　首先，我必須重申，就三峽大壩我僅取得有限的數據與資訊，如果我有更多資料，這些總結或許更能切入問題核心。以下為我對三峽大壩疑慮的總結。

1. 這座壩體是以百年一遇的洪水為標準來設計，但是這種大型水工物應該採納更高的標準。

2. 假定泥砂在 100 年裏淤積了 165 億立方米的庫容量，若説從此所有進入水庫的泥砂量都會被完全排出水庫，而這些泥砂淤積對水流管理沒有任何影響，可是不看物理模型的結果，難以令人接受。

3. 許多人為過去幾年水庫泥砂量有所減少而感到欣喜，但那是基於前節所述的三個特殊原因，未必可以持續。然而，更上游的長江水壩建設可以減少三峽大壩工程水文和泥砂

　　　　　的問題。現在應該提供更好的實時洪水預報系統，以妥善
　　　　　管理和操作這一系列水壩的流量。

4. 不管民眾是否喜歡三峽大壩，它都已經建好了，我們應循
　　各個操作層面改善它，而不是只管持續抨擊。我很懷疑拆
　　除三峽大壩是否有效的替代方案。本書強調的一個重點，
　　是要使用風險定量評估分析，其中需要比較興建了及沒有
　　興建水利工程的情況。現在要藉着改善正常情況和緊急情
　　況時的操作方式，嘗試降低水利風險。

　　設定水庫的汛前水位也很重要，不能只考量水力發電所需要的
水量。我不知道現在是用甚麼方法決定百年一遇洪水的防洪標準，
但在西方國家，所有的主要水工結構物都應該追求更高的標準，尤
其我們正面臨全球暖化危機。我認為，下游的洪水風險會因三峽大
壩有所降低，但按現有的極端洪水水位紀錄，估計未來仍可能發生
較嚴重的災情。縱使上游水壩營運改善會對未來有幫助，但我們到
何時才不用興建更多會破壞環境的大型水壩呢？在泥砂含量大的
河川裏，我們必須同時考量整條河川的水量及泥砂條件。

　　我深深仰慕並尊敬黃萬里教授等水利工程師，冒着斷送職業
生涯之險，反對興建水壩，也深深覺得未來呈交給領導者的水利
計劃，應囊括更真實的風險評估，誠實地向決策者呈交所有正面
及負面影響，這樣他們才能根據這些定量量測作出正確決定。工
程人員不能呈交不準確的數據，放大預期效益，卻避談負面影響。
當然政府也同樣要把真相告知人民，公開其公平且透徹的分析，

而不是將公眾蒙在鼓裏。然後，社會大眾應該可以向決策者提出
他們的擔憂和問題，不管他們的想法會否和政府的決策相違背。
同時也應歡迎、鼓勵並考慮任何嶄新且可行的解決方案，不同觀
點的民眾應受到同等重視。只有這樣才有可能建構一個更強大的
社會。相反，以政治手段遏制不同的聲音是大錯特錯的。或許我
太天真，或許我們的社會還沒有進步到這個程度，然而，政府其
中一個遠程目標，應該是讓社會持續發展，並同時保護環境。

## 5.10　黃河氾濫問題

　　我特別喜愛李白在《將進酒》所寫的詩句："君不見黃河之水
天上來，奔流到海不復回"，以及李賀《夢天》的"黃塵清水三山
下，更變千年如走馬"。現在有人也稱黃河為"懸河"。

　　中國文明起源於黃河流域，傳說裏有很多關於黃河的寓言及
神話。黃河總長 5,464 公里，流域面積 752,000 平方公里。黃河主
要分為三個河段：在上游段，黃河清澈的河水由西向東流經西藏
高山、峽谷與綠地，接着往北通過沙漠、甘肅平原和寧夏，再向
東流往內蒙古。黃河的上游終點為內蒙古的托克托縣。

　　中游段的河水向南方流經山西省、陝西省和黃土高原。黃土
由細砂粒、淤泥和黏土組成，因為黃土高原嚴重侵蝕，黃河流經
此處時便會帶走了大量的砂。中游段的終點在河南鄭州。接着黃
河再次向東流，橫跨中國北部的沖積平原，並通過河南省與山東
省，最後在渤海排放大量的沉積物。圖 5.4 為黃河的流路示意圖，
取自《中國水利》一書。

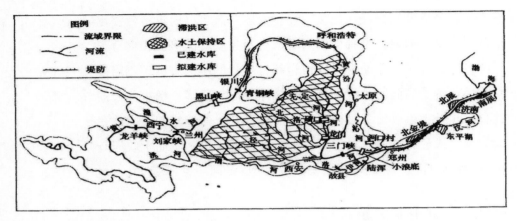

圖5.4　黃河流路示意圖

(資料來源：《中國水利》，錢正英著，中國：水利電力出版社，1991 年。)

　　黃河的坡度在經過中游段的三門峽時明顯減緩，至黃河下游段坡度亦持續下降。在黃河流往三門峽之前，該區域水土流失嚴重，為黃河下游帶來大量泥砂，這些黃土隨着坡度減緩，形成大量隆起的沉積物，阻礙黃河流水的行進，而這些河道中的阻礙物還會持續累積。為了保護河岸免受侵襲，過往中國的對策是把兩旁的堤防越建越高。經過幾十年時間，黃河河床的高度已提升至比附近的地區更高，近三門峽中游段的土壤堆積，由於河床已高，一旦洪水沖毀堤防後，洪水便不可能再流回原來河道。大量的水開始通過新的流路流往海中，大肆漫流於華北平原。這些改變造成黃河口遷移了 480 公里，有時甚至經由山東半島北部流往渤海，或者從山東省南部出海。

　　因為黃土沉積嚴重，黃河經常發生水患。在 2,500 年裏，黃河氾濫了約 1,600 次，明顯的改道約有 26 次。這些洪水不乏致命事件，在古代當洪水一旦越過堤防四處漫流，有些人民會被溺斃，但更多人是因為饑荒和傳染病而喪生。

　　歷史上更有一次毀滅性的洪水，是源於內蒙古上游的冰層阻塞了河道，形成冰壩，在冰壩潰決的瞬間，大量貯蓄的水被釋放而危及下游。

　　現今，一座約位於三門峽黃土區邊界處的水庫正面臨嚴重問題，在極短時間內已被泥砂淤滿，現要全力清除水庫淤泥。另一座屬於河南省洛陽市的"小浪底水利樞紐工程"的水壩，則建於距離三門峽水利樞紐下游約 130 公里，現時這兩座水庫的操作正互相緊密配合。

　　如 5.4 節所述，要解決泥砂量大的問題，基本上有三種方法。第一種是從源頭出發，利用水土保持措施，減少上游進入河流的泥砂量。第二種方法是在某些特定區域進行輸砂分流，將河流攜帶的泥砂送到河川系統的出口，而這些泥砂必須能被河川出口所接受，比如海洋。第三種方法是建造壩體，進行局部的攔砂，讓泥砂沉澱在沿途各個水庫中。

　　美國的密蘇里河正是運用第三種方法，密西西比河則運用第二種方法。中國長江大多是利用第一種和第三種方法。至於哪種方法最合適，應視乎當地環境。

　　黃河上游與中游段目前的對策，是使用第一種和第三種方法來攔砂，為此建造了許多壩體，當中包括三門峽和"小浪底水利樞紐工程"等。而下游段則利用第二種方法，在某些特定區域進行輸砂分流。如何運用多個出口進行輸砂分流，將在下面討論。

　　於黃河下游段，現建有兩座歷史悠久、約寬 10 公里的大型堤防，它們的功能是防止洪水來臨時溢流至兩岸，但是在河水流動速度較慢時，泥砂、顆粒等沉積物便會堆積到大堤防內的河床。

　　因此，過往已修建了兩座小堤，並以此形成一些蜿蜒的水槽，將流速較低的河水分流到當中，以增加水的流動速度和帶走黃河的泥砂。假若流量相同，小的河川斷面能攜帶較多泥砂，沉積在河床底的泥砂也就較少。根據兩個地方流量的不同需求，這兩座小堤的高度和寬度也各異。

　　下圖顯示了黃河下游的水利模型實驗俯視圖。這張照片拍攝於德國慕尼黑附近的水利實驗室，也是世界上第一個規模如此大型的水利實驗。他們把黃河底部的真正土壤進口到德國。整個水槽的寬度模擬了真正的大堤，並把流速慢的河水分流到兩個小堤內蜿蜒的水槽中流動。這兩個小堤同樣具備不同的高度和寬度，我猜想那是為了研究蜿蜒狹窄通道內的河水流量和土壤運動。

　　右圖 5.6 顯示了兩座大堤的保護功能與固定高度，但未有列出那兩座較小的護岸小堤。如圖中所示，這兩座歷史悠久的大堤建於黃河下游段，功能是防止洪水來臨時溢流至兩岸。河流的底部已遠高於兩個大堤外的土地。

德國水利實驗室黃河下游的水利模型實驗俯視圖。

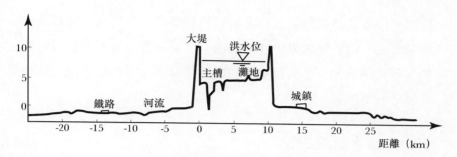

圖5.6　黃河橫斷面示意圖

（資料來源：《中國水利》，錢正英著，中國：水利電力出版社，1991 年。）

　　洪水氾濫後，大水帶來的砂粒沉積會在堤防間形成長灘地，有些人會選擇在這裏居住。但一個嚴重的問題是，中國有 150 萬人已非法搬進黃河大堤和小堤之間的區域，數量還超過三峽大壩需遷徙的人數。最近，政府允許這些人繼續定居，如何降低這些人民所受的洪水威脅？汛期來臨時，這羣民眾的安危實在令人擔憂。這些建設也會令黃河洪水的災情加劇，但要怎麼勸導居民遷離，是個極為嚴肅且具挑戰性的問題。中國陸地雖廣，但是宜居的陸地相對有限。以前我總是思考政府的"一胎政策"，現在我能理解有限的土地，只能承載有限的人口。

　　據我所知，近期黃河的高河流並沒有超過小堤而流入黃河大堤和小堤之間，近年來政府已經在黃河大堤內建立防洪區，並實施民眾緊急避難計劃。人類的發展建設，對於黃河大堤的泥砂與水流流動有多大影響？有多少學校、電力管線、自來水管線、下水道，以至其他設施是為黃河大堤附近的居民而建？而定居在堤

防間是否合法？我對很多社會與技術層面都存在疑問，但我從未
造訪當地，因此無法得到詳盡資訊。在黃河高流量到來之前，我
們在該地區的大、小河流堤壩之間，要慎重地規劃和管理人口和
高河流的問題。

## 5.11　南水北調工程

在 5.1 節提及中國北方的降雨量比南方少，因此中國政府展
開了一項龐大的工程計劃 —— 南水北調。它包括西線、中線以及
東線工程，旨在把長江和其支流漢江的水調往黃河。東線工程利
用了大運河的某些水路；中線工程將漢江上游河段的水調往北京
與天津；西線工程則連接了長江與黃河最高的水源處，也是這兩
條河最靠近彼此的位置。這項計劃預計每年把南方 448 億立方米
的水調往北方，當各線工程完成後，預計東線、中線與西線每年
可分別輸送 148 億、130 億與 170 億立方米的水量。

南水北調最初是前國家主席毛澤東的主意，他曾説“南方水
多，北方水少，如有可能，借點水來也是可以的”，計劃的經費為
620 億元人民幣，是三峽大壩建造費的兩倍多，到 2012 年為止已
花費 340 億元人民幣。

以下為中國國務院南水北調工程建設委員會辦公室對三線工
程的簡述：

“東線工程是建基於江蘇省原有的江水北調工程，逐步擴大調
水規模，並延長輸水線路。它從長江下游的揚州抽引長江水，利
用京杭大運河及與其平行的河道逐級提水北送，並連接具蓄水作

用的洪澤湖、駱馬湖、南四湖、東平湖。出東平湖後分兩路輸水，一路向北輸水到天津，另一路向東通過濟南輸水到煙台、威海。東線調水的主幹線全長 1,460 公里，分三期實施。

　　中線工程從加建水壩擴大容量後的丹江口水庫之陶岔渠的首閘引水，挖掘渠道經堂白河流域西部，接連長江流域與淮河流域的分水嶺，也就是方域埡口；再沿黃淮海平原的西部邊緣，在鄭州以西的孤柏嘴附近穿過黃河，沿京廣鐵路北上，基本上可流往北京和天津。輸水幹線全長 1,432 公里，計劃分兩期實施。

　　西線工程在長江上游通過天河支流，在雅礱江和大渡河上游築壩建庫，並在長江與黃河間的分水嶺巴顏喀拉山開鑿輸水隧道，調長江水入黃河上游，計劃分三期實施。

　　南水北調工程分別從長江下游、中游、上游三個調水區，形成東線、中線、西線的調水線路，與長江、淮河、黃河與海河相互連接，構成中國中部地區水資源四橫三縱、南北調配、東西互濟的總體格局。”

　　由於這項龐大的工程計劃尚未有詳盡的設計和規劃資訊，因此我僅列出幾個常見問題：

1. 作為水源的長江、漢江到底有多少水可供北調？

2. 這項工程包含將原有渠道挖深與拓寬，可以想像很多居民必須遷居，如何勸導這些民眾將是一大問題。

3. 水源調動是計劃核心，然而在旱年有多少水量可以調動？旱年的實際輸水量勢必有很大變數。而且，如何分配南方與北方的水量也需要探討。

4. 在調水的過程中，一定會流失大量的水，政府能夠在乾旱時期控制用水量，並且確保人民不會非法取用運河的水資源嗎？在美國，某些地區會有專門人員以鎖和鑰匙為農業用水嚴格把關。我的一位朋友曾經負責為科羅拉多州分配農業灌溉用水，他時常在確認農夫的水井水位時，被農民放出大羣野狗驅趕。

5. 政府是否期望透過供水費用，彌補計劃的成本？中央政府能夠強迫人民接受南水北調所帶來的高水費嗎？

6. 這些經過長程輸送的水，水質夠好嗎？有多少的水經過適當處理？要如何預防人民丟垃圾或其他廢棄物品入運河？

7. 抽水機器會否影響到魚類在運河內的生存空間？

8. 從長江調走大量的水，減少了水深，會否令船隻無法駛進長江沿岸的港埠？據我了解，現在船隻也要等到潮漲時方能駛進這些港埠。

9. 在每條輸水線裏，水流會先後通過平坦陸地、陡峭陸地、湖泊、抽水機器，甚至黃河。這些輸水線會攜帶大量泥砂嗎？它會改變長江、黃河以至其他小型河川的行為嗎？

10. 這項計劃將要解決不少難題，但從計劃裏我們也會學到豐富的知識。

不論這項調水計劃的成敗，我們都必須重視確保水量和水質。我從電視上看到中國的海灣工程正大幅擴張，海灣路線的草地將會消耗大量的水，農民能想辦法在灌溉時使用較少的水嗎？

人們又能減少用水嗎？現在正是審慎思考保水措施與節約用水的時候了。

## 5.12　未來中國的水資源發展

我們經常可以在美國報紙和網站看到以下消息：

1. 中國北方嚴重缺水，但政府的補救措施可能存在嚴重問題。（報導來自 2013 年 10 月 18 日聲望不錯的雜誌《經濟學人》(*The Economist*)）

2. 燃煤發電廠和汽車所排放的污染物，籠罩着北京的上空。

3. 中國許多河水都受到污染，水質甚至不適合農業發展。

4. 中國經濟發展與世界經濟和股市有着直接關係。環球的商業社會都密切注視中國的國內生產總值（GDP）。他們希望中國的 GDP 能保持每年增長 7.5%。可是我們都知道，GDP 基數低時，增長才比較容易。現在中國的 GDP 已不低，所以未來要大幅增長更為不易。

有很多人批評中國的水務發展措施，但通常都不是通過全方位的分析，他們的一些改進建議也通常忽略了其他影響。基本上，每一種方法都有利於某些羣體，但又同時不利於其他羣體。

我不是經濟、政治和社會學家，無法提供一套完整的解決方案。也許世上並沒有一套解決方案能取悅每一個人。

最後，我對中國的一些水利與環境問題作總結：

1. 中國北方的人口穩步增加，但中國北方缺乏水資源。

2. 隨着中國的經濟發展，將耗用更多水和能源。

3. 中國許多河流的水都已受到嚴重污染。

4. 燃煤發電廠令中國許多城市空氣污染嚴重，尤其是北京。

5. 健康的經濟發展通常都需要更多的水和能源，來創造足夠就業，促進社會穩定。

6. 供電有三個主要方法：核能、煤和水力，它們各有正面和負面影響。

7. 中國和美國的報章都報導了中國有嚴重的浪費和腐敗。

8. 再用水和海水淡化都需要耗用很多能源。

9. 毫無疑問，在中國一些地區，為滿足工業發展所需，正急需開發更多水資源和能源。最近，中國政府強調會供應更多的水和能源。也許他們應該認真考慮更有效的用水和控制水質方法。

10. 最終，水和能源基本上都是政治和社會問題。中國需要更嚴格遵守法律，更少運用人情關係。歐美國家雖並非最理想的社會，但他們的社會大多數都嚴格遵守法律。因此，我們應該對排放廢水的工廠加強執法，減少對水質的損害。政府還應該建設更好的污水處理廠。我在遊覽漓江時，看到有一艘船把廢物直接傾倒到美麗的江水中。我們提出抗議，但得到的回應竟是"那些廢物是用來餵養魚兒的"。

11. 在美國，假若一個家庭人均用水過多，將被徵收懲罰性水費，以鼓勵市民減少用水。不過要監測每個家庭的用水

量，成本不低，在中國也許可以先監察一整個地區的用水
量。

12. 每個重大的水利項目都將令一些羣體受益，那為何不要求
他們分擔一些成本和責任？我們可以要求新的開發商支付
較高的水費。高爾夫球場便需要耗費大量的水，但那舒適
的環境只給予一小羣有勢力的人享用。那我們應該向他們
徵收多昂貴的水費呢？

13. 農業灌溉有三種方法：漫灌、噴灌和滴灌。在中國最常見
的，是用水最多的漫灌法。怎樣才能讓農民改用噴灌法甚
至滴灌法？政府是否可以在某些領域提供獎勵？

14. 水浸其中一個常見原因，是城市地區的排洪渠道受阻。我
們看到排洪河道內仍有建築物，卻獲告知這棟建築乃屬有
勢力人士擁有。

15. 從我多年來與中國工程師的接觸所見，他們不少都認識西
方水利工程的知識和技術，在許多領域上他們甚至比西方
同業更出色。但我希望他們有勇氣討論自己面對的困難，
藉此為全球開拓新的知識領域。

第二部分

# 學習、工作與家庭

第 *6* 章 | 早期留美中國學生與
我赴美留學經驗

## 6.1　首批由中國政府贊助美國留學的中國學生

　　清朝末年，康有為和梁啟超開始推動改革，廢除中國傳統的科舉考試制度，並大力鼓勵學習西方國家的新知識。1868 年明治維新以及日本現代化的成功經驗，對他們二人影響殊深。

　　容閎於 1851 年成為首位於耶魯大學取得學士學位的中國學生；1871 年，在曾國藩與李鴻章的支持下，清朝政府接納了容閎的建議，將一批兒童送往美國留學。當時中國的父母對於將孩子送到太平洋的對岸不無憂慮：孩子會安全抵達嗎？他們能夠在陌生的世界立足嗎？他們還會返回中國嗎？容閎在上海招考幼童未成，於是去香港招考。他成功將主要來自中國南部、平均年齡只有 12 歲的四批年輕學生派往美國留學，而學生的家人必須簽署下列文件。以下就以我外祖父的父親詹興洪，為其兒子詹天佑（即我外祖父）所具之《出洋志願書》為例：

具結人詹興洪今與具結事，

　　茲有子天佑，情願送赴憲局，帶往花旗國肄業，學習機藝。回來之日，聽從差遣，不得在外國逗留生理。倘有疾病生死，各安天命，此結是實。童男，詹天佑，年十二歲，身中，面圓白，徽州府婺源縣人氏。曾祖父賢。祖世鸞。父興洪。

同治十一年三月十五日

詹興洪（親筆畫押）

外祖父詹天佑。

　　1872 年 8 月，一批來自中國的留學生抵達美國東岸，並開始接受高中教育，其中 22 位學生在 1880 年升讀耶魯大學，18 位升讀麻省理工學院，另外有 3 位升讀哈佛大學。

　　由於入鄉隨俗的關係，這些留學生將中國傳統的長袍馬褂換成西服，也有不少幼童將腦後的長辮剪掉。他們也認識了美國的男孩女孩們，部分中國留學生也改信基督教，並崇尚自由民主的社會。

　　然而，這些轉變都被保守的清政府視為大逆不道，不可容忍，1881 年 9 月 29 日《申報》有言：

　　　　國家不惜經費之浩繁，遣諸學徒出洋，孰料出洋之後不知自好，中國第一次出洋並無故家世族，巨商大賈之子弟，其應募而來者類多椎魯之子，流品殊雜，此等人何足以與言西學，何足以與言水師兵法等事。性情則多乖戾，稟賦則多魯鈍，聞此輩在美有與談及國家大事及一切艱巨之任皆昏昏欲睡，則其將來造就又何足觀。

　　1881 年，原定 15 年的幼童留美計劃中途夭折，全部學生被召回國。當時，耶魯大學的 22 位留學幼童中，只有詹天佑和歐陽賡二人順利完成學業。容揆和譚耀勳拒絕返國，留美完成耶魯大學的課程。李恩富和陸永泉則在被召回國後，再度前往美國，取得耶魯大學學位。

　　其中留美的 22 位幼童名單有：

　　詹天佑、歐陽賡、容揆、黃開甲、梁敦彥、張康仁、鍾文耀、蔡紹基、唐國安、譚耀勳、李恩富、容星橋、曾溥、陳珮瑚、劉家照、陳鉅溶、陸永泉、祁祖彝、盧祖華、徐振鵬、鍾俊成、錢文。

　　歸國的中國留學生，幾年後紛在礦業、鐵路、電信等工業卓有貢獻，其中較著名的例子為：

　　詹天佑：著名的鐵路工程師，運用折返線原理修建京張鐵路。

　　唐紹儀：促成南北議和，參與《拉薩條約》，與英國簽定《中英續訂藏印條約》。

　　梁城：駐美國公使，向美國交涉，要求取回 1,500 萬美元庚子賠款。

　　唐國安：清華大學首任校長。

　　蔡紹基：北洋大學校長。

## 6.2　我的外祖父詹天佑

　　詹天佑在 1861 年 4 月 26 日生於廣東省廣州府南海縣（現廣東省南海市）。有姐弟各三人。先人由徽州府婺源縣遷居並申請入籍廣東南海，經營茶莊生意。至父親詹興洪時，茶莊生意已經衰落，改以代寫書信和刻印章謀生。據我母親所述，當時家境並不優渥，因此他們將詹天佑送往美國留學，也承擔了一定風險。在大學時期，詹天佑兩度獲得耶魯大學數學第一名獎金。回國後，由於清政府將留學生視為異己，詹天佑被冷落了。然而，在 1884 年中法戰爭期間，詹天佑受兩廣總督張之洞聘請，返廣州黃埔廣東博學館（後改為水陸師學堂）任教，並修築炮台和測量廣東沿海海圖，是為中國第一幅海圖。

詹天佑修建京張鐵路期間，釐定了各項鐵路工程的標準，並上書政府要求全國採用。中國現在仍然使用的 4 呎 8 吋半（1.435米）標準軌和鄭氏自動掛鈎（Janney Coupler，亦稱姜坭車鈎、詹尼車鈎、鄭氏車鈎、詹氏車鈎，由美國人艾利・詹尼（Eli H. Janney）所創，常被誤以為是詹天佑的發明，其實名稱是源於發明者的中文音譯有"詹"字，詹天佑只是對其作過些微修改）等都是詹天佑所提議的。此外，詹天佑亦着重鐵路人才的培訓，制定了工程師升轉章程，對工程人員的考核和要求作出明文規定，並且定明工程師薪酬與考核成績掛鈎。京張鐵路培訓了不少中國的工程人員，詹天佑所制定的考核章程，亦成為其他中國鐵路的楷模。

2009年到北京詹天佑紀念館參觀。

京張鐵路建成後，詹天佑獲宣統皇帝賜予工科進士，任留學生主試官等職。1910 年，改任廣東商辦粵漢鐵路總公司總理兼工程師，1912 年兼任漢粵川鐵路會辦，負責興建粵漢及川漢鐵路。此後一直定居在漢口的俄租界鄂哈街 9 號（今湖北省武漢市洞庭街 51 號）。同年成立"中華工程師學會"並被推舉為首任會長。民國成立後，於 1913 年獲政府委任為交通部技監，1914 年獲頒授二等寶光嘉禾章。1916 年，獲香港大學頒授榮譽法學博士學位。1919 年初，受命往海參崴和哈爾濱，擔任協約國監督遠東鐵路會議的中國代表。

　　1919 年 4 月，詹天佑因病回漢口，4 月 24 日病逝，終年 59 歲。1922 年青龍橋火車站豎立了詹天佑銅像。詹天佑與其妻譚菊珍原葬在北京海淀區萬泉庄，中華人民共和國鐵道部、北京鐵路局和中國鐵道學會於 1982 年 5 月 20 日將詹天佑及其夫人遷葬於京張鐵路青龍橋火車站站房右側。1987 年，附近再建成詹天佑紀念館。

## 6.3　前期留美的中國學生和庚子賠款

　　很多從美國回流的中國留學生，在事業上都很有成就，尤其是蜚聲國際的詹天佑。與此同時，中國人開始更為了解美國教育機構的優點，因此越來越多中國家長將子女送往美國深造。清末的中國非常無能，經常受英國、法國、俄羅斯、日本等國攻擊。一羣山東農夫組成了“義和團”，自稱刀槍不入，以扶清滅洋為口號，開始一連串反洋行動。1897 年，兩位德國天主教傳教士被殺害。1898 年義和團攻擊基督教村落。1900 年德國公使於北京被殺後，德國領導包括美國的八國聯軍，攻陷中國和佔據北京。在此之後，美國以“庚子賠款”退款為由，資助中國學生赴美求學。我父親和叔叔也通過競爭激烈的考試，獲得庚子賠款的資金，入讀哈佛大學和麻省理工學院的研究所。當時，大多數留學生畢業後，都選擇返回中國與家人團聚，並為中國效力。這現象持續了 80 年之久，直到中國政權在 1949 年易手為止。

## 6.4 我的父親與西藏

另一點值得一提的，是我的父親沈宗濂在西藏的經歷。 1945
年，我的父親在政府支持下，代表委員長蔣介石前往西藏。在抗
日戰爭後，他隨即陪同西藏地區代表出席在南京舉行的國民大會。
因此，西藏地區代表實際參與了中國民族政策的討論，以及該年
總統大選的相關事宜。換句話説，他們即是代表西藏官方，承認
當時的西藏是中國的一部分。那時達賴喇嘛雖然是西藏領袖，但
他仍太年輕，無法執行政事。

藏學家柳升祺及我父親，於 1953 年撰寫了一本重要著作
《西藏與西藏人》（*Tibet and the Tibetans*），由史丹福大學出版社
（Stanford University Press）出版。這本書後來被翻譯成中文，並
在中國出版。西藏代表曾於 1945 年承認西藏為中國的一部分，此
事應該公諸於世。

## 6.5 我的兒時生活

1929 年 7 月 13 日我於北京出生。我的父親沈宗濂生活西化，
因為他畢業於哈佛大學，而我的外祖父詹天佑也是第一批被送往
美國的留學生。還記得在農曆新年期間需向人們一一鞠躬，甚至
一些輩份比我高卻比我年輕的小孩也要鞠躬。所以我不喜歡農曆
新年。我竟有多位年齡與我相仿的"曾叔公"，因此我總是與姓沈
的同輩保持距離，因為他們都有可能是我的曾叔公。在抗日戰爭
時期，我常被中學同學開玩笑，因我的曾叔公與我同班。

　　我的母親一直想成為一名醫生，然而，在當時要成為女醫生並非易事。因此，她希望我能完成她的心願。不幸的是，在母親知道我接種疫苗時暈倒，又很害怕看到血後，她的願望也跟着破碎了。我童年時非常喜歡閱讀武俠小說，甚至想到深山拜武俠大師為師。這個念頭在升讀高中後就幻滅了，因為了解到這些都只是虛構的奇幻故事。另一方面，許多中國歷史圖書一開頭總是談大禹治水：經過大禹的治理，中國數百年來不再有洪水災害。我一直想知道，為甚麼大禹在幾千年前已解決了洪水問題，但我們現在卻仍然為洪水災害所困擾？也許我能成為解決洪災的人。高中學生總自以為無所不能，能解決任何問題。我想：既然要有夢想，何不擁抱一個偉大的夢想？於是我想到要治理中國的河川。

　　父親離開政府後，在上海英國租借區的一家美國保險公司擔任經理。不久，日本侵略中國並且包圍上海，每一個住在英法租區的中國人都害怕日本人。當時日本在南京成立了一個中國傀儡政權，後來這個政府聯繫上父親並提供工作。我還記得有一天我從小學放學回家後，看到大餐桌上有大量銀飾品，當天晚上我就聽到了父親跟母親的談話，說要離開上海前往重慶。我們害怕日軍，那更堅定了我的信念，要致力於建立強大的中國。我想學習更多知識和技能，那才能更好地服務和效忠我的國家。

　　1942 年日本襲擊美國的珍珠港後，母親、妹妹和我前往重慶。我很幸運，入讀了中國最好的兩所中學，抗日戰爭時我就讀於重慶的南開中學，中日戰爭結束後我則轉讀省立上海中學。

## 6.6　在重慶南開中學的日子

　　抗日戰爭期間，在重慶幾乎每隔一天就有空襲，我討厭日本人，當時，我對新的中國共產黨政權不太了解，但我的兩個同學卻前往延安加入共產黨。記得有一天中國國民黨和中國共產黨在重慶進行和談，周恩來到我們家拜訪父親，因為他和我爸是天津南開中學的室友。當年由於北洋水師缺乏彈藥與內部腐敗，被日本人徹底破壞，而其中一項腐敗，就是清朝慈禧太后將購買海軍艦隊的資金，用來興建頤和園為自己慶生。

　　當時，張伯苓校長強烈感受到重建國家須由教育着手。他曾兩次赴日考察教育體系，並於 1908 年在天津創立南開中學。1917年，張校長 41 歲，入讀了美國哥倫比亞大學，重新當個學生，以學習西方的教育體系。1946 年，哥大授予他名譽博士學位。

　　下一場主要的中日戰爭於 1937 年 7 月 7 日開始，1945 年 9月 9 日正式結束。在此期間，重慶南開中學也許是當時中國最好的學校，因此許多家庭都想送孩子入讀這家名校。我很幸運，能在這裏待了三年。學校的老師很優秀，而且有很多家庭作業。除了最後一個學期和音樂課外，我在學校的表現都很好。在音樂課上，每位同學在期末考試時都要唱一首歌，然而音樂老師對我說："如果我不用聽你唱歌，那我就讓你及格。"因為家裏的關係，我在最後一個學期表現不佳。

　　高中時按性別分為兩個部分，所以男生如要與女生碰面，其中一個方法就是加入合唱團。然而因我缺乏天賦，只能望門興嘆。事實上，在南開中學時，我最主要的興趣是運動，每逢有機會我就會跑步和踢足球，到今天我仍夢想着踢足球。在學校裏，與異性見面的最佳地點就是美麗浪漫的魚池，那裏遍植美麗的花草樹木。最近再次造訪南開中學，卻令我十分失望，因為我心中那座美麗的湖泊已淪為植物稀疏的小池塘了。你小時後以為偉大的事物，在你長大後接觸了其他更大型的事物時，小時偉大的事物就會漸漸變小了。

　　每一位重慶南開中學的校友，想必對學校都有一段不同的甜蜜回憶。但是他們都一定會記得一件事，那就是臭蟲。當你半夜醒來，你會發現蚊帳幾乎變成紅色，因為蚊帳上的臭蟲實在太多，以至無法清理。每當學生回到自己的家，衣服都不准帶進屋內。就在我臨離開學校的最後一年半，學校蓋了一間蒸氣室。學生的木製床架被輪流送至蒸氣室，少數幸運的學生因為床架被蒸過，終於可以安睡，但不到兩個星期，躲藏在床架縫隙的幼小臭蟲已經成長，又會再次侵襲學生。

　　當時每一個班級都會有一位老師來領導和監督學生，他也會跟學生住在同一棟宿舍。我們班裏的狄之初老師是全校最嚴厲的一位老師。他了解所有學生，尤其是調皮搗蛋的我和另外三位同學。每個學期，我們四個人要把操行成績維持在及格邊緣殊不容易。但其中一位每年都贏得全校數學競賽，另一位則在日後成為北京政府的《中國日報》總編輯，聽説第三位在中國人民解放軍中擔任很高的職階。可惜的是，多年前我只在北京與當總編輯的見過面。我們都知道狄老師雖然對我們感到束手無策，但他是真心希望我們能成功。我真希望能夠再見到老師，並且向他道謝。其他班大多數男生可以在週六下午回家，週日晚上再回學校，不過狄老師只允許我們每學期回家四到六次。他通常每晚都會檢查學生的床位，看學生有否偷走。我很喜歡見到母親，因此必須在星期日早上六點起床，並步行近一小時回家，當天又必須再花一小時走回學校，以免被老師發現我擅自出走。

　　雖然我也可以選乘巴士，但它總是十分擁擠。有一次，一位學生出示特約證，便不需要花時間排隊等待，因為特約證形同緊急情況下運送軍事人員的命令。過了沒多久，南開中學大部分學生（包括我在內）都擁有一張特約證。爾後，有此通行證的人，必須排另一行並等待叫號：特約證一號、特約證二號……。這顯示了南開中學學生家長的力量。最近我才知道南開中學的校友還包括周恩來、曹禺、溫家寶、張忠謀、吳大猷、梁啟超等，而家長的名單包括袁世凱、黎元洪、段祺瑞、胡適、張學良、翁文灝、汪精衛等。

## 6.7　入讀省立上海中學

　　中日戰爭後，許多人想要離開重慶返回上海，不過卻很難找到適合的交通工具。在長江航行的內河船對我們而言也許是唯一選擇。當時，我的父親身在西藏，母親討厭重慶，因為這座城市對她來說象徵戰爭。母親費盡心機離開此地，最後終於成功帶着妹妹和我搭上一艘附屬於輪船的大木船，浩浩蕩蕩地經由長江返回上海，而我們三人僅有一米多寬的容身之處。

　　我在上海很幸運，因為我入讀了位於上海龍華機場附近的省立

上海中學。要比較我所待過的兩所中學實在很難，因為它們的老師
和學生都優秀，唯一可能的差別就是學生家長的背景。也許南開中
學學生的父母身份比較顯赫，也相對容易培育出聲名卓著的孩子。
我的上海中學同學，極少能到美國深造。不過我在美國較常碰面的
三位朋友，包括張慎四（William Chang，於布朗大學博士畢業，與
桂華珍（Margaret）結婚）、陳迪（Di Chen，於史丹福大學博士畢
業，與王家玲（Lynn）結婚）以及吳聞韶（Wensu Wu，於麻省理工
學院博士畢業，與洪子安結婚）皆來自省立上海中學。

我（右二）與好友陳迪（左一）、張慎四（左二）及吳聞韶（右一）十多年前在加
州太浩湖度假村（Lake Tahoe Resort）時攝。

1949年我跟父母及妹妹沈學均在前往美國的克利夫蘭總統號輪船上的最後一張合照。

　　1947年，我從省立上海中學畢業，有機會前往上海交通大學修讀工程，或是到北京清華大學跟隨父親的腳步學習經濟。後來我決定入讀清華大學，讀了才幾個月，母親致電給我，要我回到上海，之後我便去了美國學習。那時候我認真思考過，相信有一天我會回到中國，建設我的國家，並將所有外國列強趕走。

　　1949年8月，我的父親、母親、妹妹和一位舅舅（是我外祖父的長子）帶我去九龍港埠搭乘克利夫蘭總統號輪船，前往美國。

　　那是我最後一次見到親愛的母親了。有一首詩深深縈繞我的腦海，是孟郊的《遊子吟》，因為母親曾親手為我縫了許多件羊毛衣：

　　　　慈母手中線，遊子身上衣。

　　　　臨行密密縫，意恐遲遲歸。

　　　　誰言寸草心，報得三春暉。

　　母親於 1949 年 10 月逝世，父親一直到 1950 年來美國看我時，才告訴我這個噩耗。我現在偶爾仍會夢見母親，我真的很希望她能夠見到我的妻子和小孩。

# 第 7 章 | 在美國求學

## 7.1 威斯康辛州貝洛伊特時期

跟隨父親赴美求學的足跡，從 1949 年我入讀位於威斯康辛州和伊利諾伊州邊界的貝洛伊特學院（Beloit College），主修我很喜歡的物理學開始。

但是大約一年後，有人告訴我物理畢業很難找工作，而且在美國作為一個外國人，也很難學到更多相關知識，因為很難通過美國安全許可去參加各種重要的國家項目，加上我想更直接幫助中國，我想我應該學習工程方面的知識。

## 7.2 升讀密歇根大學

之後，我入讀了位於密歇根州安娜堡（Ann Arbor）的密歇根大學，主修土木工程。此時，我非常積極參與密歇根大學的中國學生事務，我曾當選兩次中國學生會會長。獲選並不是因為我的教育政策或其他特別原因，那是源於我有幾個關係密切的朋友

（Priscilla Lam、Elizabeth Hsu、Mabel Hsueh、William Chang 和 Vincent Chen），他們都是好廚師。每位廚師朋友都答應我，每年會為中國學生煮一次美味的中國菜，好讓我舉辦大型晚會，我的其他朋友則自願幫忙洗碗。這項活動深受超過 200 名中國學生喜愛，他們只需要支付 1 美元多，分擔食物成本，還能和男生或女生跳舞。每逢星期五我們也會在大學體育館的一個角落打排球、籃球、羽毛球等。我喜歡運動，也曾在密歇根大學贏得乒乓球賽冠軍。

1955年大學畢業照。

在密歇根大學時，我擔任土木工程學系的助教。另外，有一位教授從事一個密歇根公路橋樑的設計計劃，我很幸運收到教授通知讓我參與這項計劃，我在大學內的一間研究室不斷為它埋頭苦幹。有了這兩份工作，讓我能買下一輛不錯的二手車。這輛車令我在同學間很受歡迎，因為他們可以借來接送參加派對的女孩。我也有一位女同學借來接她的男朋友來大學遊玩。

## 7.3　考慮回中國

在入讀密歇根大學土木工程研究所後，我迷惘了，很多留美的中國學生都曾有這種困惑。許多人都認真考慮回祖國服務並陪伴家人，同時又想是否應該留在國外建立個人事業？早期的中國學生大都毫不猶豫返回中國，但那時中國國民黨政府已遷移台灣，而我們也不了解中國共產黨這個新政權。當時中國學生有三種選擇：回去中國、前往台灣或是留在美國。許多學生總是想返回中國，但能貢獻的技能卻只有一點點，而且他們對於中國的內部情況並不清楚。因此，留美深造是比較簡單的選擇，而我就這樣一直留在美國。當時我們這些中國學生並沒有想過要賺大錢，但是現在我們大都在各自的專業領域有一番成就，我非常感激美國為我們提供了這些機會。

其後，近百位中國學生終於鼓起勇氣回到中國內地，包括我的妹妹和妹夫，我十分敬佩他們，他們奉獻自己的生命，放棄了美國舒適的家，去服務祖國。這些中國學生的父母多數在台灣有崇高的地位。以下談談一些中國學生離開美國的故事。

## 7.4　抗議美國禁止中國學生返國

1950 年代早期，美國幫助南韓抵抗北韓與中國，並在 1953 年簽訂和平協定。越戰期間，中國政府幫助北越赤化越南，因而與美國軍隊發生衝突，許多美國人認為，無論在韓國還是越南，他們幾乎都是在與中國人打仗。同是來自威斯康辛州的美國參議員約瑟夫・麥卡錫（Joseph McCarthy）抓住這個機會，煽動全國性反共運動，那時他開始迫害美國共產主義的支持者。麥卡錫主義於是從二戰末期的 1954 年 12 月起，一直發展到 1957 年 5 月麥卡錫身亡後。據報載，麥卡錫因為飲酒過量導致急性肝炎與酒精中毒，於貝塞斯達海軍醫院（Bethesda Naval Hospital）過身。

我曾聽到美國伊利諾大學（University of Illinois）的外籍指導教授，指出留美中國科學家回國後所衍生的問題，他說這些學生可能會協助中國軍事武器的發展。

　　美國移民辦事處對中國留學生的事宜也感複雜，因為有些中國學生被要求離開美國，其餘的中國留學生卻不得歸國。幾個中國學生的住處遭入境事務機構搜查，部分中國學生甚至在毫無理由之下被抓進監牢。

　　許多想要回國的中國學生都收到以下信件：

親愛的先生：

　　　　根據1918年5月22日通過的法令，以及美國法典第2523號通告，任何外籍人士除具備合理規則、規章和命令不在此限，以及作為總統的例外規定，其餘離開、進入、試圖搭機與進入美國者，將處以不超過5,000元的罰款或不超過五年的監禁，或兩者兼施。

　　　　　　　　　　　　　　　　美國司法部支區長敬上

　　有些中國學生（包括我在內），都渴望盡快離開這個欺壓華人的國家。我的幾個朋友在美國東岸與中西部地區組成小型團體來討論這些事情，有些活躍成員是較專業、有經驗，且已經完成學業的畢業生，他們成功逃往加拿大與中國。然而，我當時並未完成學院教育，因此比不上那些較積極的朋友。我從他們那裏得知這些活動，也在大部分寄給美國總統和聯合國秘書長的信件上簽了名。

　　簽下這些信對我們而言極為困難，因為我們可能因此被關進監獄，並須替美國跟中國打仗。最起碼以後在美國會較難找到工作。

之後，有一羣中國學生和校友在 1954 年 8 月 5 日決定寫信給美國國務卿沃爾特・史密斯先生（Walter Smith）與德懷特・艾森豪威爾總統（President Dwight Eisenhower），又在同年 12 月 16 日寫信給聯合國秘書長，並得到來自美國公民自由聯盟（American Civil Liberties Union, ACLU）和美國社會的多位名人支持。

我們到後來才知道，中國和美國的官方代表在瑞士的會談中，就被限制出境的中國留學生和被中國拘捕的美國人民提出了交易條件，放寬了中國留學生回國的限制。無論如何，在經過三年多抗爭後，所有中國留學生歸國的請求終於在 1954 年 10 月獲得美國移民局辦公室批准。我的妹妹及妹夫一同搭乘一艘承載超過 80 位中國留學生的輪船，於 1955 年 8 月返回中國。我認為他們將會成為中華人民共和國有用的人才。然而，部分中國留學生在回國後受到紅衛兵虐待，黯然地返回美國。那些年輕的紅衛兵深信，這些歸國的留學生是美國派來的特務，否則為何要在這時回到中國？

## 7.5 我的妻子

1956 年 10 月 20 日，我和我的妻子曾慶華（Clare Tseng）結婚，這是我人生的重大轉捩點。她漂亮、甜美、聰慧且很有愛心，她總是先關心別人卻沒有想到自己。全賴她的不斷支持和關鍵建議，我努力進行研究並嘗試為這個社會貢獻一己之力。本書自序中的第二張照片，是我們兩年前去歐洲旅遊時在黑海拍下的。

我與妻子結婚當日拍攝。

## 7.6　我的恩師愛因斯坦教授

　　在結婚之後,我和妻子決定要學習更多技能和知識。在我汲取了一些技能後,Clare 願意回去中國,同時我們又在想:究竟以後可以研究甚麼主題?從中國歷史裏,我們發現從大禹治水以來,水資源管理一直是中國一大疑難,也許漢斯‧阿爾伯特‧愛因斯坦教授(H. A. Einstein,Albert Einstein 的兒子)會同意讓我成為加州大學柏克萊分校的學生。愛因斯坦教授是泥砂運行和河流開發等領域的權威,時至今天,我們的工作依舊跟循他所創立的框架。當時入讀優質大學並不太難,但現在則需要通過重重篩選才能入學。

　　我結婚後便前往加州,在加州大學柏克萊分校主修機械工程學系。有人告訴我,愛因斯坦教授就在水利工程實驗室,我問秘

書：如何辨別教授？他簡潔地說：教授今天穿棕色西裝。事實上
這位教授不難找到，多年之後我發現他絕大多數時間都是穿着棕
色西裝的。我向愛因斯坦教授展示了我在密歇根大學的成績單，
他立刻答應給予我研究獎學金，我當時十分開心。後來我發現我
實在非常幸運，因為他最優秀的博士生錢寧，剛離開美國前往中
國，事實上錢寧和我妹妹大約一年前便搭上同一班船回中國。當
時愛因斯坦教授一次通常只收一到兩位博士生（相比現在一位教
授可以同時收超過十個博士生），所以能成為愛因斯坦教授的指導
學生，我真的很幸運，這是繼我結婚後我生命中第二大轉捩點。
因此這本書要獻給我的教授和我的妻子。

　　愛因斯坦教授剛指導我時，要我在距離美國加州大學柏克萊
分校八公里遠的列治文研究站（UC Richmond Research Field
Station），以裝滿泥砂的渠槽進行動床試驗研究。他要我試着去觀

察泥砂與水流間的所有現象，而不能閱讀任
何泥砂研究的相關書籍，然後向他報告。剛
開始時，愛因斯坦教授每隔幾天都會從他的
辦公室來看我。有一次抽水馬達出現故障，
水與泥砂溢出了渠槽，愛因斯坦教授看着
我，他了解中國人不習慣動手做，所以他親
自拿起鏟子，將溢出的泥砂清除，而我只能
在旁邊看着他。經過一個月的試驗後，我撰
寫了一份觀察報告給愛因斯坦教授。在這之
後，我花了大約一年多時間從這些現象中，

找出其中一個現象作為博士論文的主題。愛因斯坦教授告訴我，如果我可以利用理論分析去解釋這個現象，就可完成博士論文。透過這種研習方式，我發現了河流發展成蜿蜒形狀的原因，並成功予以證明。

　　後來，我到科羅拉多州州立大學教書。有一次愛因斯坦教授來找我，並且和我女兒沈文華（Eveline）玩耍。他跟我說了兩件事：第一是着我不要親自教她英文，否則她的英文就不會標準；第二是着我不要給她太多玩具，這樣可以啟發女兒的創造力。我遵照了他交代的第一件事，但第二件事卻沒有照辦。不過，我與妻子仍為我們的孩子對社會作出的貢獻感到驕傲。

　　以下分享一些與愛因斯坦教授的故事。有一次愛因斯坦教授、約翰‧甘迺迪教授（John F. Kennedy，愛荷華大學水利學系主任）及我投宿華盛頓的一家旅館，而當時的美國總統正是另一位約翰‧甘迺迪（John F. Kennedy）。在辦理住房手續時，愛因斯坦教授簽了 "Albert Einstein"，而甘迺迪教授則簽了 "John F. Kennedy"。這時候櫃枱服務生馬上問我，那你是誰！我幾乎想說我是毛澤東主席。

　　又有一次，我和愛因斯坦教授住在加州奧爾巴尼（Albany）一家學校的已婚學生宿舍，就位於舊金山鐵軌旁，每天會有十餘列火車經過我們的公寓。我們第一次聽見火車的聲音還以為是地震，後來漸漸習慣了。套房的房租每月 36 美元，它的隔音非常差，而我們的鄰居喜歡晚上看電視，並且已把聲量調得很小，但因為廣告一般比較大聲，所以我們每隔十分鐘就會聽到廣告聲。為求房租低廉，只好慢慢適應這種生活環境。現在這些公寓已被拆除，改建成更好的樓宇了。

愛因斯坦教授有一次請我幫他把所有綠色運動報紙寄給錢寧，因為錢寧和他的妻子是狂熱的美國足球（即欖球）迷，即使身在中國，仍然關心美國足球的賽果。當時，加州大學柏克萊分校的足球隊表現很出色，並且前往玫瑰碗（Rose Bowl）體育場作賽。那時我並不是足球迷，也沒有訂閱報紙，所以愛因斯坦教授逢星期一早上都會給我一些關於綠色運動的報紙，然後我會去郵局把報紙寄往中國。當時中美雙方或許都會打開郵件檢查，我很好奇，美國中央情報局和中國情報單位對這些足球報紙會有甚麼想法，當然我不敢在寄件人一欄寫上我的名字。我持續寄報紙，直到第二年錢寧給我寫信，説不用再寄了，因為他們無法從千里之外關心這些足球比賽，或許是因為加州大學柏克萊分校的表現欠佳，令他意興闌珊吧。

當我在柏克萊的時候，返回中國的念頭稍微減弱了，但我仍沒有永久居留美國的想法。雖然親愛的妻子答應會和我一起去中國，但我不希望她在中國受苦，我將永遠感念妻子的善意。美國政府對我們相當不錯，多次詢問我們要留在美國還是返回中國，我説不知道，他們便説申請美國居留證也無不妥吧，我可以申請後再決定是否留在美國。但我很固執地説除非我想成為美國公民，否則不會申請居留證。然後他們竟説別無選擇，只能驅逐我。之後，我引用愛因斯坦教授的一封信，信裏説他正為美國陸軍工兵團的計劃服務，而這項計劃很需要我，這我才沒有被驅逐。這種事情在任何國家都不可能發生，只在美國容許，我非常感激美國。

在加州大學柏克萊分校期間，我全副心神做研究，並沒有參加任何大學活動。妻子持有圖書館學碩士學位，在舊金山大學圖書館的編目部工作。我在學校大概就只有幾位朋友：尤先生是機械工程博士，後來他成為德州大學教授、約翰・威廉博士（John William）是我班上的同學，爾後他出任夏威夷大學教授。我偶爾亦會和田長霖教授及他的妻子劉棣華，一起在學生中心吃午餐。當時田教授剛從普林斯頓大學（Priceton University）轉到柏克萊分校擔任機械工程系助理教授。當時我沒有想到，田教授會成為加州柏克萊分校的校長。

我完成柏克萊的學業後，愛因斯坦教授問我下一步要做甚麼。他說我還需要一些實際的工作經驗，以掌握河川的真實行為。如果我留在美國，應該在陸軍工兵團工作，學習密西西比河的河川行為，他建議我去阿肯色州小岩城（Little Rock City, Arkansas State）。還記得那位在音樂劇《南太平洋》（South Pacific）裏的美好護士，就是生於小岩城的。教授說那裏有一位資歷深厚的工程師，如果我過去，他會幫我打電話給那位工程師打個招呼。我妻子非常害怕在小岩城居住，因此她很慶幸愛因斯坦教授找不到那位工程師的名字，最終我們也沒有過去。幾年後，我擔任美國陸軍工兵團的顧問，說不定可能與愛因斯坦教授忘了名字的那個工程師見過面呢。

另一次工作機會來自巴西。1961 年，巴西想聘請美國的工程師和教授到當地傳授相關知識。有一些電機工程的朋友接受了那些大學的教職。我寫了一封信給一所很著名的大學，並且立刻收到校長的電報，他將會來柏克萊分校會見我，看我是否勝任新成立的水工實驗室主任。我當時很擔心自己難擔重任。愛因斯坦教授建議我如果不打算去，應立刻回覆電報，於是我照做了。多年後，我到巴西擔任顧問，發現那間實驗室已成為全球很有規模的一個水工實驗室。

其後，我的下一步計劃是為回中國做好準備，愛因斯坦教授說如果我希望從事水利相關的研究，應該去荷蘭，那裏有世界上最大的水工研究所 —— 代爾夫特水工研究實驗室（Delft Hydraulic Research Laboratory），我可以工作幾年後再回到中國。之後，我寫了封信給代爾夫特水工研究實驗室，並且收到負責人哈羅德‧舒馬克教授（Harold J. Schoemaker）親撰且充滿情感的長信。他說很佩服我要回到中國的勇氣，他是周恩來總理的好朋友，並給予我很多在實驗室的工作機會。

就在那時，我發現我必須做決定：到底要留在美國還是回到中國。不幸那時中國局勢極不穩定，於是做決定不難，我和妻子選擇留在美國，並嘗試尋找一份更好的工作。

後來，剛成立的美國匹茲堡大學公共衛生學院（Graduate School of Public Health, University of Pittsburg）需要一位助理教授，負責調查污染問題。我提出申請並獲得面試機會。然後，我等了幾個月也沒有書面回應。匹茲堡大學的教授告訴我，原因是委員會的全體教授，找不到時間一同完成書面合約。我對此充滿疑惑，直到我成為教授之後，才知道那的確是一個可能原因。

　　與此同時，愛因斯坦教授接到哈察工程顧問公司（Harza Engineering Company）的一通電話，那公司是世界上第一流的水利工程公司，他們想為其巴基斯坦的計劃尋找一位顧問。愛因斯坦教授建議他們聘請我來代替他。在我答應過去之後，我卻收到匹茲堡大學的書面合約，然而，我決定留在哈察公司處理河川管理和水資源問題，放棄到匹茲堡大學調查污染。在我到達芝加哥哈察公司，工作只有兩天，加州州立大學的校長便在芝加哥邀我會面。我妻子想到可以回到加州感到很高興，但是與校長碰面時，我跟校長說他來晚了，我決定留在芝加哥哈察公司工作。

　　當時，全世界都注意到水資源研究和管理的重要性，我很幸運能適逢其會，投身這個市場。當我離開愛因斯坦教授時，我問他能否在我需要他時邀請他任哈察公司的顧問。他直截了當，說我應盡可能遠離他。我就如他所說，一直到我成為美國科羅拉多州立大學（Colorado State University）正教授之後，才再邀請他來演講。

# 第 8 章 │ 在美國工作

## 8.1 哈察顧問工程公司

在美國，幾乎所有重大水利工程都由聯邦政府或當地的州政府、市政府制定和規劃。在最終批核前，這些計劃的可能需求、正面及負面影響和經費，都應該會向社會大眾解釋清楚。部分程序曾在本書第 2 章討論過。然而，主要結構的細部設計則是經過公開招標後，交託給私人工程顧問公司詳細設計和構建。例如，美國聯邦政府會在 "Fed.Biz.Opps"（Federal Business Opportunities, https://www.fbo.gov/）電腦網站上宣佈將水利建設公開招標。政府會給投標人一些時間提交計劃書，與此同時也會邀請少數工程公司投標。政府首先不會考慮價格，而是按公司和計劃書的品質來決定最佳投標人，然後跟對方商討其計劃及收費。若計劃或收費無法取得共識，政府就會跟次佳投標人接洽。政府容許工程公司在總成本中撥出一定比例，作為工作成本以外的利潤。

哈察（Harza）是當時一流的工程公司，公司內部向心力高，且大部分工作人員都認真地為公司創造最好的表現。對土木工程畢業生而言，若能在擔當大學教授前汲取實際的設計經驗是很難得的，我們可發現原來要完成一項大型的土木工程計劃，需要考慮很多因素，我很珍惜在哈察所累積的經驗。我唯一的不滿是我面前是一張很大的繪圖桌，雖然有利繪圖，但我不希望自己被視為專職繪圖。我主要的工作是設計巴基斯坦大型計劃中的渠道、水壩等，它是由美國、英國和日本等西方國家發起的，目的是為巴基斯坦的印度河流域提供灌溉用水，以解決印度和巴基斯坦的水資源衝突。依據巴基斯坦和印度渠道的歷史數據，我自行設計了巴基斯坦的土渠，也估算了印度河曼格拉大壩（Mangla Dam）的泥砂入流量。除了這項巴基斯坦計劃，我還為一宗法律案件，對加拿大和美國之間的五大湖表面水位變化作出調查。

　　工作兩年之後，哈察的事務正值非常繁忙，有位同事突然跟我說要離開公司，因為他被解僱了，他說只有兩星期時間找工作，我非常驚訝，假若他找不到工作，兩星期後的生活要怎樣過？當晚我就告訴妻子，我們不想落得同樣的下場。我想起科羅拉多州立大學的戴雷‧賽門斯教授（Daryl Simons）希望我過去任教。我致電給他，問是否還有工作機會，賽門斯教授立刻答應我，他會再跟我約定詳談日期。第二天晚上，對於科羅拉多州立大學土木工程系主任米爾頓‧本德爾教授（Milton Bender）給我副教授之職，並加薪 25%，我感到十分驚訝。隔天我告訴哈察的老闆要去科羅拉多州立大學就職，以及離開的原因。三天之後我部門的負責人告訴我，哈察公司董事長卡文‧戴維斯博士（Calvin Davis）

想邀請我和妻子到他家共進晚餐。期間，戴維斯博士就沒有及早跟我詳談而致歉，他知道我將要去一所不錯的大學教書，他會為我在公司留空一個職位，好讓我隨時回巢。我謝謝他的好意。戴維斯博士是知名的學者和水利工程師，很多工程師都參考了他的水利工程設計書，後來他甚至參與我在科羅拉多州立大學開辦的河流管理暑期課程。

之後，我就前往柯林斯堡（Fort Collins）的科羅拉多州立大學，展開我的教授生涯。

## 8.2　科羅拉多州立大學（1963~1985）

在哈察工作的時候我討厭坐在繪圖桌旁，入職大學後，第一點令我詫異的是，在學校我有兩間私人辦公室，其中一間在科羅拉多州立大學的主要校區內，另一間在幾公里外的工程技術研究中心（Engineering Research Center）。有了私人辦公室，我就可以專心與學生討論，不會受到打擾。第二點令我詫異的是工作時間。在一些美國工程公司，你必須打卡來記錄工時，然而現在我是自由的，無須向任何人匯報我的工作時間。後來我發現，我通常會在辦公室留到晚上七時，甚至在星期六也會待在那裏工作一整天。

在第一次上課之前，我一字一句的寫下我要教的內容，並且熟記在心。我非常樂於教學和帶領學生做研究，我可以把我的各種想像融入到研究當中，並與年輕學生共同討論和研究各式各樣的想法。與此同時還有人向我支薪。

我加入科羅拉多州立大學時，土木水利工程系正在迅速擴張。幾位剛入職的年輕教授有意在考試中擬訂一些相當艱難的問題，結果許多學生都不及格。另一方面，教授可以不受學系的規定影響，能自由給予成績，為此我提出改善建議並獲採納。大學一年級、二年級、三年級、四年級的最高總分為 4.0 分，而其平均分將分別為 2.0、2.5、3.0 和 3.5。這只是用作參考，我們不能強制任何教授嚴格遵循這個數值。最近有些大學給學生的成績高得很，有些研究生課程的給分也很大方。

　　另一件事是對博士學生外語能力的要求。我們這些教授，也有幾個人曾多留在大學一年或更長時間，只是為了掌握一至兩種外語能力，來滿足這項博士學生要求，但我們後來都沒有再運用過這些外語。經過一年的激烈辯論，我們得到一個意想不到的成果 —— 土木工程系是科羅拉多州立大學第一個取消這項博士學生語言要求的學系。我們也拒絕任何替代方案，而堅守的原則是：如果你想用替代方案取代這項語言要求，那這個替代方案應該有相當重要性，可列入對博士學生的要求之一，而不是純粹為替代語言要求。如果我們需要更多的數學或物理基礎，我們應該獨立討論那是否博士學生的基本要求，與語言要求分開討論。現在很多美國大學都已取消對博士生的語言能力要求。

　　當年，科羅拉多州立大學土木工程系只能為 20 位全職教授提供每年九個月的薪資。學系要是想擴張，就唯有想辦法把這些資金分配給超過 20 位全職教授。換句話說，解決方法是學系分配給有些教授的薪水可能少於九個月，但這些教授獲發的薪水將會稍高。安排是在學年九個月內少教些學生課，但從他們的研究經費項目支付他們的工資（工資數目和學校支付他們的一樣），全職教師擁有九個月的學校薪資，但需要教多些課，而且加薪幅度較小。

在三個月的暑假中，教授只可以從他們的研究計劃中支薪，因此許多資深教授都花大量時間做研究以賺取薪資。這種制度迫使教授爭取研究經費，來維持自己和研究生的薪資，甚至會幫助其他年輕的助理教授做研究。

教授每年的加薪幅度是一個重要議題，學系負責人（Head of Department）和系主任（Chairman / Chairwoman of a Department）的職權有很大差別。學系負責人可全權管理系內事務，包括每位教師的薪資，而系主任只是例行會議裏的主席，權力較小。大學校長首先向每個學院分配資金，再由各個學院的院長分配每個學系的平均加薪幅度，最後是由學系負責人把薪資分配給每位教師。各學系負責人到底要使用哪種規則來分配教師薪資，也是一個重大議題。

曾經有大學副校長要求每位教師訂定隔年的教研目標，學系負責人將會根據各教師設定的目標來確認其完成度。但這裏有一大漏洞：事實上每位教師都可以把以前已完成的項目，設定為下一年的目標。於是他們不僅可以完成，甚至還可以超越目標。例如，我訂定的目標為發表兩篇期刊論文和讓兩位博士學生在隔年畢業，事實上我已達成這些目標了，因為我已有三篇期刊論文且有三位博士學生畢業。我的個人秘書因此說可以輕易幫我設定明年的目標。

最後，土木工程系教師的加薪幅度，是根據他在各個項目上的表現，例如教學表現、研究表現、博士學生的數量、對系內或學校的貢獻等。教師需要對各種表現自行評比，並呈交給學系負責人。學系負責人會根據這些評比以及他的判定，來設定每位教師的薪資及加幅。不幸的是，每年 7 月 1 日當地報章都會刊登科羅拉多州立大學所有教授的薪資和隔年的加薪幅度，有些教授就因此比較自己和其他教師的加薪幅度，並且不難發現有些人的加薪幅度並不合理。我不知道學系負責人怎樣面對這類投訴。

　　每位工程教授所能接洽的顧問工作數量非常重要，他們可以引用當中的知識來教導學生和選擇適當的研究主題，以深化現有的知識。工程教授需要參加工程技術會議，從中學習並在個人的專業領域交流新知，以免不斷重複已有十年歷史的課本知識。當然，顧問工作的時間不能與學生上課的時間衝突，如何設限可以討論。美國的教授通常每星期可以做一天顧問工作，但一般來說除了使用教授私人的辦公室外，美國的大學並不允許教授使用學校設備來從事顧問工作。

　　在 1964 年到 1984 年那 20 年間，河川處理在美國和環球都是一項重要議題，可是美國以至世界各地都極少有大學提供相關的研究生課程。我深感必須培養研究生和工程師在這方面的能力，因此我開辦了一系列關於河川力學的暑期特別課程，並得到巨大的迴響。這些暑期課程每年有一百多名學生報讀，他們是來自德國、英國、加拿大、新西蘭、澳洲、日本、巴西、哥倫比亞、墨西哥、阿根廷、秘魯等地的教授和職業工程師，甚至一些美國知名大學的教授也來參與。我們也從這些學生身上學習到如何處理世界各地的河流問題。

1970年在大學辦公室內。

　　我在科羅拉多州立大學任教時，花了很長時間與中國學生相處，我漸漸發現這做法不太明智。首先，許多中國學生探訪我前並沒有事先打電話預約，有時他們甚至會在清晨我和妻子都還是穿着睡衣時登門造訪。學生昔日在中國沒有電話，因此沒有拜訪前打電話預約的習慣，他們也曾早於約定時間來到我家，惹妻子生氣。第二個問題更嚴重，這些學生漸漸向我打聽哪位教授較為嚴厲，我開始意識到跟這些學生不可能做純粹的朋友，從此之後，我每年只會邀請中國學生一次。

　　我活躍於科羅拉多州立大學的多個部門，也不止一次被選為預算委員會、系所評議委員會、系所教授評鑒委員會、系主任遴選委員會等的主席。

## 8.3　大學裏的台灣學生

　　科羅拉多州立大學裏的台灣學生，大都不想對台獨表示意見。我其中一位最出色的學生洪哲勝，是台獨運動的領導者，他在中國同學會以外，另行組織了台灣同學會，許多中國學生對於到底要參加哪一個組感到為難。這個獨立運動組織相當活躍，他們曾在美國康奈爾大學（Cornell University）刺殺蔣經國先生，只是無功而還。

　　洪哲勝是一位非常細心的學生，我經常就學術問題給他答案，幾天過後，他又會就我提供的答案進行學術分析。有次我的妻子在早上來研究室找我，很驚訝看到洪太太也在場，她為丈夫準備食物，因為他整晚都在水力實驗室做事。事後妻子責備我對學生太嚴苛。洪哲勝為台灣獨立運動付出不少心力，並在聯合國承認新中國政府後立刻離開學校，並沒有完成博士學位。三年後，我接到了洪太太的電話，她懇求我讓她丈夫回到學校完成博士研究。我答應了，因為他是我最好的學生，他也有資格取得這個學位。

　　他和另外兩位傑出學生，包括來自新加坡的張獻發教授和李日明博士曾給我不少協助，我們發表了一系列關於土砂運移基本分析的研究論文。當時我提出基本主題和步驟來進行分析，而這些有能力的學生，就完成了詳細的分析。

## 8.4　中國參訪的學者

　　強大的領導者鄧小平，是推動新中國發展的主角。鄧小平率先實施兩個方案：第一是從中國派送資深技術人員到歐美知名的研究機構學習。中國政府同時也邀請國外的高級技術人才參訪中國，這會在下一章描述。

第二個方案是將一批又一批的中國人送往歐美參訪和學習知識，為期兩年，中國的專業人士也會參與合適的技術會談。在毛澤東關閉中國大門多年過後，鄧小平確實帶領一些中國技術人才達到世界水平，甚至在某些領域超越世界水平。在過去幾十年，中國有許多河川建設，我確實感受到當中很多水利及河川的研究成果，是值得我學習的。

鄧小平的名句："不管白貓黑貓，能抓到老鼠的就是好貓"，暗示將要發展經濟，不論甚麼方法，只要能達到目的，他就會採用。有人提醒鄧小平，說如果送留學生出國，可能大部分都不會再返回中國了。他回答："如果你需要 5,000 人回國，我會送大約 8,000 人出國，那麼大概會有 5,000 人返國。"

有許多來參訪的中國學者，參與了我們的定期課程，但並沒有取得任何學位。他們都十分認真，目標就是盡量學習並回國發揮一己所長。他們每月約收到 500 美元的生活津貼，其中 10% 需繳納中國領事館，作為醫療保險費。每逢週末便會看到中國學者騎着自行車，一個接着一個的去買二手商品。看到他們為了國家而努力求知，我和妻子都深受感動，因為他們並非想要來賺更多的錢。我在科羅拉多州科林斯堡住處附近找到一間私家房子的地下室，可供他們租住。他們說，這種規模的房子是中國省長級的人物才能住的。我不知道現在中國省長住的房子是何種樣貌。

他們的薪級表令我大吃一驚，因為他們的薪水只按大學畢業年份和年齡來釐定。換句話說，假如兩個人的大學畢業年份和年齡相同，領的薪水便會一樣。那樣人們就沒有財務動機去努力工作了。在畢業後他們不過接受政府分配的職位。

他們在家鄉的月薪大約介乎 100~150 美元，因此他們在美國領的 500 美元月薪已是原有薪水的數倍。他們在美國節衣縮食兩年，已累積大約 5,000 美元的存款，並可以買彩色電視和冰箱等帶回家。當時大多數學者都選修科技課程，但是也有少數幾位選擇多學英文。

這些傑出的參訪學者，包括來自清華大學的張仁教授、府仁壽教授和來自長江水利委員會的季學武先生，以及成都工學院的丁晶教授等。

有一次，我問他們在美國遇到的最大驚喜是甚麼。他們說：“來美國前，不敢相信美國的交通會如此擠塞。”他們無法想像一條路上會同時有這麼多輛汽車。他們也問我，美國的汽車是否有喇叭？他們在這短短幾個月裏，沒有聽到過美國的汽車按響喇叭。在中國，車主都喜歡按喇叭來自我炫耀一番。

漸漸地，某些美國教授看中了這些中國訪問學者薪水較低，就聘用了他們，並幫助他們延長在美國停留的時間，以執行美國教授的計劃。我也曾幫助中國訪問學者趙隸華教授，讓她在加州大學柏克萊分校多待五年，但我卻付她美國等級的薪水。她為我的計劃付出良多，也掙了足夠的錢作為她兒子留學美國加州大學戴維斯分校（University of California, Davis）電子工程系的學費。根據中美之間的特別條款，她無須支付美國稅金，那有助她快速儲錢。

## 8.5　重返加州大學柏克萊分校（1986~1999）

　　1983 年 12 月某天，我在從科羅拉多州飛往蒙大拿州大瀑布城（Great Falls, Montana）的飛機上，為殼牌公司（Shell）設計黃石河（Yellowstone River）上的入流口，以便將含砂較少的河水，分流至他們的工程設施。由於下了大雪，飛機無法在蒙大拿降落，只好帶我們到其下一站 —— 加州的奧克蘭（Oakland）降落。燦爛的陽光和美麗的藍天照耀着奧克蘭，幾乎所有乘客都詢問空姐能否不支付額外機票費用，在加州留宿一晚，隔天再回蒙大拿。當然，這個請求被拒絕了，同一班飛機帶着我們回到白雪皚皚的蒙大拿。這次旅程過後，我和妻子討論未來的生活。我們應否找一個較宜人、較溫暖的地方居住，直到退休？僅僅兩週後，加州大學柏克萊分校土木及水利工程系的詹姆斯・哈德教授（James Harder）聯絡我，想請我找一個學生填補學校新開設的助理教授職缺。我立刻問他我可否申請這個職位。後來，他們花了將近三年時間將這個助理教授職位變成教授職位，並由麻省理工學院、愛荷華大學、加州理工學院（CIT）、加州大學戴維斯分校和最大的土木工程顧問公司 —— 柏克德工程公司（Bechtel Corporation）的總工程師組成專家小組，由這些來自全國的專家審核學系需求，然後在幾個地方公開招聘，並面試了幾位候選人。這和昔日科羅拉多州立大學在一天之內就決定聘用我，真是有天壤之別！

　　1986 年，我們收拾行囊，從科羅拉多州開車到加州舊金山灣區（The Bay Area）。在過去的 23 年裏，我在科羅拉多州學習並建立我的事業。賽門斯（D. B. Simons）、艾伯森（M. Albertson）、葉夫耶維奇（V. Yevjevich）、齊瑪克（Jack Cermak）、賀爾（Warren Hall）、西杜克斯（Morel Seytoux）等教授和我在美國建構了最大（可能也是最優秀）的水資源計劃。現在我仍經常夢到科羅拉多州立大學。

　　加州大學柏克萊分校的教學環境和科羅拉多州立大學大有差別，後者的財政比前者還要穩健。每位教授都能從加州政府獲得九個月的薪水，學校的基金還獲畢業校友資助。多年來，我一直負責水利水文及海岸工程組（Coastal and Hydraulic Engineering Group）的研究生評比工作。加州大學柏克萊分校的加薪制度亦較為不同，每一堂課都必須由學生評價，而這些評等會影響升遷和加薪。科羅拉多州立大學沒有學生評價教授的制度。

　　在美國大學，終身責任（Tenure）考核對教授是很重要的事。一位教授在一所大學工作了六年之後，大學必須審慎評估，如果這位教授在這個過程中失敗了，他必須離開大學。在加州大學柏克萊分校，學系會任命兩位教授幫助一位助理教授升遷為有終身責任的副教授，接着升遷候選人必須選 10 位校外人士作為推薦人，並且請他們和系主任所挑選的另外 10 位校外人士，一起討論升遷事宜。接下來，整個土木環境工程學系教授會討論這個升遷個

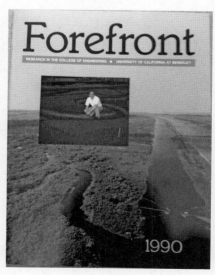

奇士米河生態項目成為1990年大學年刊工程雜誌 *Forefront* 的專題報道。

案，學系裏每一位終身責任教授都可能會提意見，而且一定要投
票。如一切順利的話，升遷個案便會轉交工學院院長，再由加州
大學柏克萊分校學術副校長成立的秘密委員會作最終決定。這個
秘密委員會的主席必定是和你領域相近但並非出自你學系的資深
教授；另外兩位委員會成員則通常來自你的學系。難怪當初加州
大學柏克萊分校花了三年時間才能給我終身責任教授之職。

在柏克萊我很幸運，因為有些優秀學生能在他們自己的項目
獨立工作。我的三個主要研究項目為：佛羅里達的奇士米河生態
項目（Kissimmee River Restoration Project，本書第 3 章曾記述）、
管理海灣物理模型（受美國陸軍工兵團委託），以及研究大型油輪
在加州灣的移動和將水從加州北部調運至加州南部（受加州和加
州南部水資源管理機構委託）。我主要的顧問工作，是為美國內政
部調查俄勒岡州克拉馬斯河（Klamath River）的水權議題。

1999 年 1 月 1 日，我以加州大學柏克萊分校的資深教授身份
退休。

# 第9章 | 參與國際交流活動

## 9.1 跨國參訪

　　1968 年，我很榮幸獲得了專業生涯的第一個獎項：美國土木工程師學會的佛里曼獎（Freeman Fellowship, American Society of Civil Engineers）。它每兩年向 40 歲以下的年輕水利工程師頒發一次獎項，以鼓勵他們在水利工程方面更上一層樓。我從未去過中國和美國以外的地方，因此視之為大好良機，以視察及了解我的研究領域在世界各地的發展。妻子當然也對出國感到非常興奮，因為她已有 20 年沒探望過身在香港的父母了。唯一的難題是申請外國簽證，因為我當時是中國人，身上又沒有任何有效的護照。而由中國國民政府頒發給我的護照過期已久，根據國際慣例，我必須申請一張形式簡單的 "人員證明書"，方能出國旅行。當時，許多國家都十分擔憂中國難民一旦入境，便不再離開。即使我表明了科羅拉多州立大學全職教授的身份，仍無法取得許多國家的入境簽證。

幾經研究，我終於找到解決辦法。首先，我從瑞典獲得簽證，接着取得比利時的簽證，雖然我不打算去比利時，不過有了比利時的簽證便可以去荷蘭，因為這兩個國家的簽證是互通的。後來我得到了來自英國、挪威、法國、意大利、希臘、以色列、香港和日本的簽證。可是我沒有取得德國的簽證，因為德國領事館要求我們每人預付 500 美元，但我們當時身上沒那麼多錢。雖然幾經波折，但能一睹世界各地，的確令人非常興奮。由於我獲得佛里曼獎，各地有名的水利研究機構領導人都願意接見我，我從他們身上汲取到大量研究思路。當然，我們還參觀了許多偉大的教堂、博物館和紀念碑，也認識了塞尚（Paul Cézanne）、梵谷（Van Gogh）、馬奈（Manet Edouard）和莫內（Claude Monet）等人物。這些偉大教堂的設計者大多未能親眼目睹幾十年後落成的建築物，這令我感到非常惋惜。

## 9.2　到台灣任客座教授

身為美國大學教授的其中一個好處，就是有學術休假，讓教授每工作六年後，可以花一年時間造訪其他大學或研究機構，向不同的研究計劃取經，藉此增進知識。休假期間，大學會給教授發一半薪資。1973 年 8 月，我獲得科羅拉多州立大學的第一次學術休假，選擇了到台灣大學擔任客座教授。與此同時，美國國家科學基金會（National Science Foundation, NSF）給我研究資助，調查台灣的主要河川。

那是我第一次參觀台北市，並與好朋友吳建民教授和林襟江

先生重逢。吳教授帶我參觀了台灣幾項重大的水利工程，我不僅
認識到台灣所面臨的水利問題，也學習和討論了這些問題的解決
方法。幾年前吳建民教授去世了，我十分懷念他。在台灣休假期
間，我遇到了許多有趣的人，像任職於經濟部的馮鍾豫先生，我
們通常會去小餐館吃飯及討論水利與世界事務。透過馮先生，我
認識了台灣的社會環境和一位傳奇人物 —— 財政部部長李國鼎
博士。李博士和行政院院長孫運璿是台灣成功發展的重要人物。
1963 年，我在哈察（Harza）公司遇見孫先生。當時孫先生是台灣
電力公司總經理，他來芝加哥和哈察公司簽訂位於台中的德基大
壩的興建合約。兩年後我訪台時，他已經成為經濟部部長了。台
灣地區的水資源管理隸屬經濟部，幾年後孫先生更晉升為台灣行
政院院長。

　　當時大學教師的薪資很低，大多數工學院教授都在業界有第二
份工作。有一次，在土木系舉辦的春節晚宴裏認識了丁觀海教授，
他是我在台灣大學任教時的土木工程系系主任。他說我的表現很
好，只有一個例外，那就是我不應該讓學生發問太多。他說學生提
問只有以下原因：(1) 他們在測試你的知識；(2) 他們希望你的教
材不要涉獵太廣，以免要花太多時間學習；(3) 他們只是想擾亂這
堂課。我當時一笑置之，我知道學生是渴求知識的。後來，丁教授
的兒子丁肇中獲得了諾貝爾物理學獎，我聽到丁教授受訪，他跟記
者說丁肇中是個壞學生，總是在課堂上發問，所以他決定把兒子送
到密歇根大學唸書。後來，我發現丁教授本身確是一位傑出學者，
只不過不容許學生在課堂上發問罷了。

　　我在台灣休假的時間是 1973 年 8 月到 1974 年 6 月。期間，我學到了在政策和社會層面上制訂河川設計方案的步驟，至今我仍然記得我和台灣主責水利工程設計的政府高層之間的對話。若水工結構物失敗後會造成嚴重災害，我們就必須採用較高的水利風險標準，以保護主要的水工結構和人民。失效風險高的水利計劃是不可取的，這些計劃只會帶給人們錯誤的安全感，在洪水災害發生時，他們以為已獲水利工程保障，便沒有撤離的意識。當然，就每一座水工結構物可接受的風險，應該按潛在風險和失敗所造成的損傷來決定。

## 9.3　中國訪問團來美

　　中國大陸對外開放後，1972 年由南京河海大學校長嚴凱率領的第一個中國訪問團來美國觀摩河川管理。他們參訪了科羅拉多州立大學，並且就我在夏天河川力學會議發表的河川力學書籍提出疑問。當時我正值休假，身在台灣，所以沒有見到他們。幾個月後有人告訴我，我的兩本書已在中國被完整地翻譯成中文。

## 9.4　埃及的顧問工作

　　1974 年 3 月，聯合國得知我在台灣休假，遂邀請我擔任顧問，調查埃及阿斯旺大壩的環境議題。我對於能在埃及參與第一次的重要跨國任務，感到十分興奮，任務內容已在本書 3.4 節中敍述。

　　完成埃及的任務後，我獲世界銀行和美洲銀行邀請，參與多個國家的水利工程計劃，我很幸運能從中學到不同河川的行為，還體驗到世界各地的文化。

## 9.5　新西蘭的研究之旅

1973 年離開台灣後，我獲得傅爾布萊特資深學者研究獎助金（Senior Fulbright Research Grants）並與家人前往新西蘭從事研究八個月。新西蘭是個非常美麗的國家，當地居民極力保護環境，整個國家簡直就像是一座巨型的國家公園。我們居住在新西蘭北島的奧克蘭（Auckland），但也在北島和南島各處旅行。我在奧克蘭的大學講授約 15 堂課，並與各集水區的總工程師一同視察和討論各式各樣的河川水力與輸砂問題。

我在美國研究的流域，河川底床多屬於砂質粒徑，但在新西蘭幾乎所有主要河川都屬於礫石河床。陡峭的山區河流帶來大量礫石，在下游河道較平坦的水流，很難將上游的礫石沖至更下游處。這些礫石沉積起來，便會形成辮狀河流，而這些辮狀河流到更下游處會成為平坦的河川。英國稱河川流域為集水區（Catchment），多個集水區的總工程師都跟我訴說了這些礫石河川的特性，我便運用這些知識來分析內布拉斯加州奧布拉河（Niobrara River）的美洲鶴（Whooping Crane），並且應用於世界銀行資助興建之西藏雅魯藏布江大橋 —— 它橫跨了雅魯藏布江（極大型的辮狀河川），連結了孟加拉兩個主要部分。

新西蘭的人口很少，所以當時打算吸納英國和荷蘭移民，條件是在新西蘭定居超過兩年。新西蘭政府將為四人以上家庭支付所需的交通費。我的鄰居説，他們一般都較喜歡荷蘭人，因為他們工作起來比英國移民還要認真。最近我也聽説有很多中國人想要前往新西蘭。

我們在北島住了將近七個月。新西蘭有不少極為美麗的世界級風景，也許其中最廣為人知的是南島西南方的米爾福德峽灣（Milford Sound）。我也參觀了接近北島中央的羅托魯瓦（Rotorua）的地熱景觀。當我回到科羅拉多州立大學時，美國能源部（Department of Energy）甚至贊助我展開地熱研究計劃。

我的女兒沈文華（Eveline）在奧克蘭上幼兒園，她的老師戴特（Tate）夫人十分嚴格，即使是很小的孩子也會對其重罰。每天中午我們會為 Eveline 帶來普通的魚和馬鈴薯片便當，這些食物在當地很便宜。我們給 Eveline 預備很多食物，讓她跟同學享用，因此她在同學間大受歡迎。

週末期間，新西蘭除了觀光勝地附近的小商店外，大多數商家都會休息，所以家家戶戶都會在星期五晚上購物，而多數商店當天也會延遲幾個小時才休息。我妻子不太喜歡在小雜貨店購物，因為老闆不會讓顧客挑選較好的商品。雜貨店老闆總是將不太好的，或是良莠不齊的商品參雜在一起。我們臨離開新西蘭前，當地的居民開始光顧一家新開的大型超市，那裏有許多產品任君挑選。

新西蘭風景壯麗，許多市民喜歡在中午到美麗的景點野餐。這是一個美麗、和平的地方，我們對新西蘭勞工部提供的好職位卻遲疑地婉拒了。

　　從新西蘭返回美國途中，我們在太平洋島國大溪地（Tahiti）
的波拉波拉島（Bora Bora Island）停留了五天。許多熱愛旅遊的朋
友也譽之為天堂。時為 1974 年，這裏對我們而言真是仙境，它緊
鄰翡翠色的海洋與潟湖，熱帶斜坡上植滿了蓊鬱的棕櫚樹。雖然
我們不是游泳愛好者，但是我們躺在淺水上，也看到了色彩斑爛
的各式魚羣，以及奇形怪狀的山丘。當時波拉波拉島上只有兩輛
吉普車，我們住在波拉波拉酒店，享用精緻的法式餐點，那其實
只是沙灘上的一間稻草小屋。但後來許多朋友都勸我們不要重遊
那個小島，因為近年觀光事業發展蓬勃，風貌已今非昔比，重遊
只會玷污我們對這個天堂的回憶。

## 9.6　美國河川團隊首次參訪中國

　　1974 年，有一位來自愛荷華大學的亨特・羅斯教授（Hunter
Rouse）帶領美國的考察團前往中國，以呼應中國河川團隊於 1972
年首度參訪美國（見 9.3 節所述）。當時我獲邀請為團員，然而除
了我，所有團員都收到中國簽證。羅斯教授和全體團員為此都感
到很不開心，因為中國政府不應該干涉美國團隊的成員名單。他
們告訴中國政府，除非給我簽證，否則整個團隊都不會出發。後
來有人告訴我，我不獲發簽證是因為我在 1972~1973 年曾旅居台
灣。我請羅斯教授逕自出發，不用擔心我，畢竟很多美國人都很
想參訪中國。他們也接受了建議，前往中國考察。

## 9.7　首次組織河川團隊參訪中國

　　1977 年某星期六下午，我在科羅拉多州立大學水利實驗室，突然接到華盛頓中國聯絡處的電話，得知中國政府希望我組織一個河川專家團隊前往中國。中國政府會負責我們在中國的所有開支，之後他們將會派遣一個小組參訪美國。我當然感到很開心，立即致電幾個朋友，分別有美國國家氣象局洪水預報部門的氣象首領羅伯特・克拉克博士（Robert Clark）、美國地質調查局（U.S. Geological Survey）的水文專家尼古拉斯・馬泰勒斯博士（Nicholas C. Matalas）和測量專家卡爾・諾丁博士（Carl Nordin）、哈察公司的主任水利工程設計師戴維・路易斯博士（Dave Lewis）、美國陸軍工兵團經驗豐富的河川工程師阿弗烈・哈利遜（Alfred Harrison）以及兩位來自頂尖大學的優秀研究學者約翰・甘迺迪博士（John F. Kennedy）和邱照淋博士等。當時我認為應該由知名的愛荷華大學水力實驗室主任甘迺迪教授擔任團長，因為他能言善辯。

　　我的第一個難題是中國限制團隊人數。我的妻子想帶孩子去中國，很多團員也有同樣想法。若我帶了家人，便不能拒絕其他人攜同家眷出訪。最後我決定帶了家人，但不跟別人提起。後來，我才知道中國當時缺乏交通工具，特別是鄉村地區，所以才對人數設限。第二個問題是出發時間，我堅持在 10 月 1 日前抵達北京，那便可以從閱兵台觀賞萬人操兵，那肯定令人畢生難忘，但被中國政府嚴詞拒絕，理由是酒店房間不足。最後我成功說服對方，在 10 月 1 日前就抵達北京，然而，隔天早上導遊說政府早已取消了該年的閱兵典禮，那就算了吧，不可能凡事都如願以償。

當年，每當我們的豐田汽車停泊在一個新的地方，就會立刻被大批羣眾圍繞，還有很多人從窗戶探出頭來一看究竟，他們想知道美國白人是何等模樣。

一如所料，甘迺迪教授每天的演說的水準都是一流的。有一天他告訴我，他不喜歡與當地不諳英語的領隊坐同一輛轎車，因為彼此言語不通，無法交談，他總是期待停車時跟我們聊天。我們商議好改由我和當地領隊同車，他則負責演講。

那時我們參觀座落於黃河的三門峽大壩和部分長江。他們說三門峽大壩是由蘇聯的工程師所設計，但這羣工程師低估了進入水庫的泥砂量，水庫因而淤積問題嚴重。中國工程師已打開了一些老舊管道的閘門，作為夏季放水並排砂之用。

在水利方面，一個微小的錯誤便可能造成嚴重的災害。中國的特點是壩體數量比任何一個國家都多，而且其洪水管理系統亦已有悠久歷史。我們互相談論中國各類河川系統的設計和運作，這都是我們需要學習的，並且可用以指導美國的學生。

此行過後，中國政府邀請路易斯博士（Dave Lewis）在中國講授水利工程設計。克拉克博士（Robert Clark）則獲得國外資金，以協助長江的防汛工作。

我向中國政府提出以下兩項建議：第一個建議是，中央可以成立培訓中心來訓練河流工程師，處理某些特定項目，就像我在科羅拉多州立大學創辦的河川水力研究課程，或像戴維斯美國陸軍工兵團特殊培訓中心（US Corps Of Engineers Davis Training

Center）開設的課程。中國有優秀的河川工程師，但他們尚沒有足
夠的人力來涵蓋整個國家的工程，因此需要培訓中心，以培育更
多人才。他們也可將河流行為製成影片教材。

　　我的第二個建議是，中央可以設立一座優質且現代化的科學
實驗博物館。我在美國已和中國多位科學家討論此事，他們大多
在電子業和大學任職，並表示如果中國政府願意興建這座實驗大
樓，他們也很樂意花時間設計和進行科學實驗，來吸引年輕的中
國學生學習科學。我將這些想法建議給中國兩所大學的校長，但
卻石沉大海，也許當時的政治環境並不容許。

　　這次參訪結束後，越來越多中國團隊與美國團隊互相探訪，彼
此交流，甚具實用價值。我也在中國和台灣出席了幾個國際會議。
許多美國水資源團隊也參訪中國，部分目的是來中國觀光。至於中
國的技術參訪團在訪美時，則會盡量節衣縮食，以把省下來的錢作
個人用途。我沒有參加任何的小組會議，也沒有一一會見所有前來
參訪的中國團隊，除非他們在我的研究領域有所涉獵。

## 9.8　隨考察團再度訪華

　　1988 年，我第二次接受中國政府邀請，帶領河流專家團隊視
察長江，並在 1995 年長江水患過後，再度受中國政府之邀，組織
長江考察團。我有幸能與美國陸軍工兵團總部水文處處長曾明德
博士同團。曾博士幾乎審核了美國陸軍工兵團所有水利項目。美
國聯邦緊急事務管理署（Federal Emergency Management Agency,
FEMA）總部的蔡酉方博士亦為此團成員之一，他曾參與洪災後

的緊急行動計劃。另一名團員為美國加州農業研究中心的蔡禮新博士，他是領導科學家研究農產品健康的重要人物，之前也曾多次造訪中國。另一位成員是加州聖荷西州立大學（San José State University）副院長兼大地工程系教授蔡桂伍博士，他專門處理土壤問題。與我們同行的，還有舊金山灣區環境分部部長吳登中博士，專責舊金山灣區的環境問題。我們的團隊訪問中國時，為各界關注的環境問題提出了解決方案。我向中國提出以下兩點建議：（1）持續利用測量儀器和電腦自動收集河川流量等數據，以及（2）在緊急情況操作水庫時，須提供有效且即時的降雨預測，以及河流變動的數值模型。我建議中國政府派團赴美進行視察。

在我們離開中國幾個月後，中國政府派出了超過 50 位工程師到美國。我們安排他們參觀由美國國家氣象局、美國陸軍工兵團和墾務局共同運作的洪水緊急應變管理中心。這個中國團隊也參觀了一些美國政府機關，包括美國陸軍工兵團，並討論水資源計劃的內容。在加州，我用一台小型個人電腦，向他們展示如何找出不同河川的水流深度和速度分佈。中國政府對此行印象極深，並且希望第二年再召集百多位工程師參與同類考察。但我說我們此行已請求美國多個政府部門花費許多時間解釋不同的水資源計劃，並且沒有支付任何費用，所以我不能在隔年再安排同樣的考察。如果美國國會查出這件事，那將會變得更為複雜。也許他們應該通過正常的外交渠道，來安排考察團。

美國主要的洪水管理機構是美國陸軍工兵團，它隸屬美國國防部。雖然我在密西西比州維克斯堡（Vicksburg）曾擔任美國陸軍研究實驗室（Vicksburg US Army Research Center）的顧問多年，但我從未進行過任何安全檢查。基於此一顧慮，我從未接近陸軍工兵團任何有關美國安全問題的計劃。

## 9.9 赴美中國留學生大增

早期大多數中國留學生均在美國研讀科學和工程領域，但漸漸有更多學生選擇在美國和其他國家修讀經濟和其他領域。越來越多中國高官曾在美國、法國、日本、德國等地留學，但美國仍是首選。

根據美國國際教育協會（Institute of International Education, IIE）2011 年 11 月的期刊，該年共有 723,000 名外國學生在美國留學，中國學生就佔了這個龐大數字的 22%，即是說約有 159,000 位中國學生留美。這比前一年增加了 23%，並預期在 2012 年繼續迅速增長。當中約有 57,000 名正在就學（比前一年多出 43%）和大約 77,000 名畢業生（比前一年多出 15.6%）。美國商務部（Department of Commerce）也估計外國留學生為美國帶來超過 210 億美元的收入，因為他們的學費是本地學生的兩倍以上。

學生人數急增，也引起美國總統奧巴馬（Barack Obama）關注。他下令移民局（U.S. Citizenship and Immigration Services）放寬中國留學生的簽證規定，以便吸納更多優秀的中國學生。美國俄亥俄州立大學（The Ohio State University）甚至在上海設立辦事處，以促進更多中國留學生入讀。我也很想知道，這批新近赴美的中國留學生的未來計劃。

　　然而，有一現象令人擔憂：某些美國學校也頒發畢業證書給不及格的學生。北達科他州的狄克遜州立大學（Dickinson State University, North Dakota）承認，自 2003 年起頒發了 393 張文憑給中國學生，當中僅有 3 名學生符合頒發資格。根據 2012 年 5 月 6 日至 12 日《舊金山世界日報》（*SF World Journal*），這所大學的副校長喬恩·布拉迪格（Jon Brudvig）引咎辭職，教育、商業和應用科學院（College of Education, Business and Applied Sciences）院長道格·拉普蘭特（Doug La Plante）則在事件曝光後吞槍自盡。

　　中國約有 500 個協助中國學生申請美國大學的辦事處。這些機構大都收取“高達一萬元人民幣的高額轉介費用”，但他們有些根本沒有與美國大學接洽，中國政府現時也在調查這些機構。

## 9.10　以中國海外人士身份參與國際交流活動

　　我曾參與中國大陸、台灣和海外華人團體組成的聯合交換計劃。一些中國和台灣水資源團體希望成立一年一度的技術會議，互相交流資訊。不幸的是，在中國政府眼中兩岸地位不應對等，他們認為台灣是中國的一部分。伊利諾大學的顏本琦教授提出一個聰明的構想：加入第三方來避開“雙方是否對等”這個敏感話題。這三方分別為中國內地、台灣以及中國的海外人士。我便被選為中國海外水資源團隊的第一任主席。這些年度技術交流會議至今仍繼續舉辦，但我在擔任第二屆主席後，已把職位讓給顏本琦教授，因為這個會議得以創辦，他居功不少。現在中國大陸和台灣即使沒有海外華人團體參與，也經常舉辦會談了。

## 9.11　德國的學者交換計劃

　　1990 年，我獲德國政府設立的亞歷山大洪堡（Alexander Humboldt）基金會頒授傑出美國資深科學家獎。獎金非常慷慨，那包括我和家人的商務艙來回機票，以及我們留在德國大學一年，每月價值約 5,000 歐元的生活開銷。而我只需與德國的科學家交流，無須在大學授課或主持研討會。我們還因為獲獎而得到德國總統接見。

　　透過這個基金會，德國政府積極邀請年輕且具潛力的外國人來德國工作。我在德國見到許多來自中國、泰國等地的年輕學者。基金會邀請他們來德國工作，同時也讓他們攜同家人，然而，即使他們在德國工作幾十年，且表現令人滿意，也無法成為德國公民。在美國不同，如果你工作表現很好，可以成為美國公民，儘管那需要一段時間。

## 9.12　活躍於美國和國際協會

　　我經常出席以下兩個技術協會，包括：國際水利工程與研究協會（International Association of Hydraulic Engineering and Research, IAHR）和美國土木工程師學會的水利部。這兩個團體有三個重要而相似的功能：第一個功能是出版期刊，介紹工程領域的最新重大成果，推廣先進的知識和技術。是以兩個協會的名聲很視乎期刊編輯的功架，編輯會將最新論文呈交給至少兩位在特定領域知名的學者審視。第二個功能是安排學術會議。第三個功能是成立小組委員會，調查現時的重要議題並介紹新想法和新技術。

　　美國土木工程師學會會在美國不同地區組織年度會議，而國際水利工程與研究協會則在世界不同地區舉辦兩年一度的代表大會。在這些會議中，我一來可以與朋友敘舊，二來亦可認識一些尚在進展當中的科研工作。會議的選址對與會者的參與程度大有影響。舊金山是一座美麗的城市，通常能吸引大量參加者。

　　在這些學術會議中，我們當然會經常與其他學者切磋同類問題的處理經驗，從中互相學習。在這些會議後，我與妻子常和匹茲堡大學的邱照淋教授和他妻子李富美女士，以及伊利諾大學的顏本琦教授和其妻子趙慧如女士一起參訪大型水利研究機構的研究活動。顏教授是一個很好的旅伴，每到達一個新的城市，他都可以馬上指出哪裏有中國餐館，而邱教授通常都點一盤鴨肉。邱教授也很重要，因為他總會把各項水利工程的最新技術一一道來。顏教授是城市排水問題發展數值模型的先驅，他和學生每每工作到半夜 12 點。當我任職加州大學柏克萊分校時，他和我很合拍，因為時差關係，他的半夜在加州柏克萊是晚上 10 點。不幸的是，顏本琦教授在幾年前離開我們了，我們真的很想念他。

　　邱照淋教授和我曾多次代表美國參加國際水利工程與研究協會。顏教授被任命為該協會的榮譽會員。我們三人曾積極參與美國土木工程師學會和美國地球物理聯盟（American Geophysical Union, AGU）的各個委員會。本書第 5 章第 3 節的一張照片（頁 108）是我們其中三對夫婦人在都江堰前留影。

# 第 *10* 章 我和我的家人

## 10.1 我們的家庭

1956 年 10 月 20 日，我和愛妻曾慶華（Clare Tseng）在密歇根州（Michgan）的安娜堡（Ann Arbor）結婚，見 7.5 節所述。她於 1933 年 3 月 3 日出生在南京，在中日戰爭期間於重慶南開中學唸書，1949 年到美國，獲得密歇根大學經濟學學士學位及圖書館學碩士學位。她在底特律圖書館擔任兒童圖書館館員，因為她喜愛與年輕的孩子一起讀兒童書。

1968 年，很高興妻子誕下了一個女孩沈文華（Eveline）。她於加州大學戴維斯分校畢業，並在美國加州大學柏克萊分校公共衛生學院（School of Public Health）獲得碩士學位。她一直致力於促進婦女權益，並關注家庭事務。2008 年美國總統奧巴馬在白宮討論婦女問題，Eveline 是應邀的 12 位全國女性領袖之一。Eveline 與堪稱完美的女士珍妮花‧華治特（Jennifer Wachter）結婚。珍妮花服務社會的精神令我們崇敬不已，她曾在同一時間照

與愛妻結婚當日拍攝。

在加州優勝美地國家公園（Yosemite National Park）的全家福合照。
左起：我、女兒的婚姻夥伴Jennifer Wachter Shen、小孫女沈曉均（Rose
Wachter Shen）、大孫女沈惠雲（Jessica Wachter Shen）、女兒沈文華
（Eveline）、妻子曾慶華和兒子沈文洪（Anthony）。

顧 16 個無家可歸的人，其中包括協助他們到醫院求醫，和代為處理其他事務。她們倆擁有兩個美麗可愛的女孩沈惠雲（Jessica Wachter Shen）和沈曉均（Rose Wachter Shen）。Eveline 喜歡彈鋼琴，中學時代曾在科羅拉多州全省的鋼琴比賽榮獲冠軍。

我們的兒子沈文洪（Anthony）出生於 1971 年，他的出生也令我們很欣喜。他於史丹佛大學經濟學系畢業，並獲得加州大學柏克萊分校工商管理碩士學位。現在他正主理特許學校（Charter School）的財政事務。他熱愛爵士音樂，喜歡彈結他。

以下是我們家的一張全家福，當中包括華治特女士。我們仍經常和她的父母見面，並且一起度假。

## 10.2　我的家庭

我的母親詹蕙筠是詹天佑的第三個女兒。母親有五個兄弟和兩個姐姐，她的父親為國家修築鐵路居無定所。和那年代的女孩一樣，她也跟隨着她父親四處遷移，並只在中學唸過幾年書。

我的父親沈宗濂在 11 歲失去了父母，他只有一個姐姐，也就是我的姑媽。她經常來我們上海的家，講鬼故事給我聽。

我的父親曾在南開中學和周恩來同居一室。他從清華大學畢業後，到美國哈佛大學唸經濟學碩士學位。然後他回到中國，在政府裏擔任多個崗位。他曾調職到西藏，並如 6.4 節所言，跟藏學家柳升祺合著了《西藏與西藏人》（*Tibet and the Tibetans*）一書。離開政府前，他是上海市政府秘書長，最後的官職是上海的代市長。1950 年他赴美，最後以美國維珍尼亞州林奇堡學院

（Lynchburg College, Virginia）教授的身份退
休。

　　我有一個妹妹沈學均，她於 1933 年在上
海出生，1950 年跟隨父親到美國。她在密歇
根大學建築系唸書。我妹妹與我的好友王祖
耆在 1955 年結婚後，並立即回到中國。妹夫
在美國西北大學（Northwestern University）
研究院修讀電氣工程。他是一名領袖，曾力
抗美國政府不允中國學生回到中國的法規，
就如 7.4 節所述。左圖是王祖耆和我妹妹的
一張合照。

妹妹沈學均與妹夫王祖耆。

　　回國後，我妹妹畢業於南京大學城市建
築系。我一直佩服他們回到中國服務的精神和勇氣。至文化大革
命時他們在農場工作。妹妹在十幾年前於杭州去世。

　　王祖耆十多年前退休，退休前他是杭州電子大學的校長。他
們的長子王駿娶了瞿光晉為妻。王駿是美國南加州一家著名的水
資源工程顧問公司的資深工程師。瞿光晉曾是一所小學的校長，
現在於網絡從事藝術設計工作。我妹妹的次子王驊在杭州某大學
部門從事管理工作。他的妻子章黎萍致力於發展杭州市，他們有
一個兒子，在杭州唸高中。

　　我兩歲時，張二來到我們的家照顧我，戰爭期間我們的家境
不算好，他是家中唯一留下的僕人，為我們做飯和洗廁所，卻不
計任何報酬。他離開了他的妻子和一歲的女兒，為我們工作十餘

我家僕人張二。

年。我們的家就是他的家，這種事只能在中國發生。

　　每當我在學校表現不錯，張二就會很高興，到我太調皮時，他會很傷心。我是他生活裏的唯一寄託。最近我仍夢見到他。我的父親離開中國來美國時，只給了他一點錢。這個世界對貧困人士都是不公平的。右圖是他的一張照片。

## 10.3　愛妻的家庭

　　我的岳父曾養甫是一位著名工程師，他建造了眾多主要鐵路、美國飛虎隊的幾座機場，還有採礦、廣播系統，以及橫越杭州的橋樑等，是中國運輸系統極為重要的一員。他曾在中日戰爭後擔任交通部長，並積極參與各個項目，人們可能仍會想起他在中日戰爭期間修築緬甸公路的貢獻。愛妻的母親是馮曉雲，她是一個既能幹又有愛心的人，愛妻的大姊曾慶嵩和屠果結婚，屠果是著名的機械工程師，他的設計和生產製程很知名。他畢業於清華大學，並且獲得密歇根大學的碩士學位，也是靠近密歇根州底特律市（Detroit）的一家製造公司的副總裁。愛妻的第二個姊姊曾慶衡與心血管疾病權威胡應洲醫生結婚。1995 年她們創立了胡應洲醫學教育獎學金，並且為北京的協和醫院建立了胡應洲內科醫學圖書館。他們也資助了在美國研讀專科的中國教授與協和醫院高層之間的多次學術交流。

胡應洲還是哥倫比亞大學理事會的理事。曾慶衡本身是一位鋼琴家，兩人曾協助底特律青年交響樂團發展。有趣的是，胡應洲和他的弟弟胡應湘分別代表兩家美國著名大學：哥倫比亞大學和普林斯頓大學，出席 2011 年在北京舉行的清華大學百年校慶。

　　愛妻的弟弟曾慶武取得了博士學位，並在伊利諾大學擔任助理教授，但不幸早逝。他的妻子曾歐陽壁姿在美國是位有名的珠寶設計家，作品的特色為將手染的絲綢線和許多材料混合，包括現代和仿古的玉石。這些色彩豐富的設計曾在著名的博物館展出和銷售，例如史密森尼美國藝術博物館（Smithsonian American Art Museum）、洛杉磯美術博物館（Los Angeles County Museum of Art）、舊金山亞洲藝術博物館（Asian Art Museum of San Francisco）、澳門博物館、薩克斯第五大道精品百貨（Saks Fifth Avenue）等。

## 10.4　我的簡歷

### 甲、大學學位

1953 年　密歇根大學土木工程學系畢業

1954 年　密歇根大學土木工程學系碩士

1961 年　美國加州大學柏克萊分校土木工程學系博士(導師為漢斯‧阿爾伯特‧愛因斯坦教授 (Hans Albert Einstein))

### 乙、教學工作

1963 年　　　　科羅拉多州立大學土木工程學系副教授

1966~1979 年　科羅拉多州立大學土木工程學系教授

1979~1985 年　科羅拉多州立大學土木工程學系水和水文資源組負責人

1986~1998 年　美國加州大學柏克萊分校土木與環境工程學系教授

1999 年　　　　美國加州大學柏克萊分校土木與環境工程學系資深教授，並以此身份退休

### 丙、特別獎項和榮譽

在基礎研究方面，我很榮幸獲頒下列獎項：

1968 年　美國土木工程師學會頒發的佛里曼獎 (Freeman Fellowship)

1972 年　　古根漢基金獎（Guggenheim Fellowship）

1973 年　　美國國會頒發傅爾布萊特國際資深學者獎
　　　　　　（Fulbright Senior Award for Distinguished Scientist），
　　　　　　資助前往新西蘭進行研究

1979 年　　美國地球物理聯盟（American Geophysical Union）
　　　　　　霍頓獎（Horton Award），表揚我對河流土壤運動
　　　　　　基礎研究的貢獻

1982 年　　美國國家科學基金會（U.S. National Science Foundation）
　　　　　　特別創意獎（Special Creative Award）

1983 年　　哈里伯頓（Halliburton）研究基金會傑出研究服務獎

1990 年　　美國土木工程師學會愛因斯坦獎（Hans Albert
　　　　　　Einstein Award），讚譽我在河川管理方面的努力


在水利環境分析方面，榮獲下列獎項：

1990 年　　德國政府設立的亞歷山大洪堡（Alexander Humboldt）
　　　　　　基金會頒發傑出美國資深科學家獎

1992 年　　美國國家奧杜邦學會（U.S. National Audubon Society）
　　　　　　獎項和美國工程學會（American Association of
　　　　　　Engineering Societies, AAES）頒發的 Annual Joan
　　　　　　Hodges Queneau Palladium Award（年度瓊賀吉斯格諾
　　　　　　獎），此年度大獎是頒發給貢獻最卓越的環境工程師

1993 年　　獲選為美國國家工程院（National Academy of
　　　　　　Engineering, NAE）院士

## 丁、主要顧問工作

　　很榮幸能擔當多國的水利及水資源計劃顧問，這些項目分別由以下機構和地區贊助：聯合國、世界銀行、美洲銀行、美國國會、美國能源部、美國內政部、美國國防部、美國交通部、美國環境保護局、阿根廷、孟加拉、巴西、加拿大、中國、哥倫比亞、多米尼加共和國、厄瓜多爾、埃及、印度、洪都拉斯、牙買加、波多黎各、新西蘭、巴基斯坦、沙地阿拉伯、委內瑞拉和台灣等。

## 戊、技術專書

　　我曾編輯和參與撰寫主要章節的書冊包括：

*River Mechanics*（《河流運動》）

*Sedimentation*（《土壤在河流運動》）

*Environmental Impacts on Rivers*（《河流環境影響》）

*Stochastic Approaches to Water Resources*（《隨機水資源》）

*Modeling of Rivers*（《河流數學模型》）

*Application of Stochastic Processes in Sediment Transport*（《隨機水利的土壤運動》）

*River Sedimentation*（《河流的土壤運動》）

*Multivariate analysis on Hydrologic Processes*（《多元隨機水文程序》）

*Movable Bed Physical Models*（《物質動床的模型》）

Chapter 12, Erosion and Sedimentation Transport, *Handbook of*

*Hydrology*, edited by David Maidmont（《水文手冊》第十二章，土壤在河流運動）

這些書籍由 Water Resources Publications、John Wiley、McGraw-Hill、Kluwer Academic Publications 等出版社出版。

## 己、國際水利工程與研究協會

國際水利工程與研究協會（International Association of Hydraulic Research, IAHR）是世界最活躍的國際水利協會之一，通常每個國家會派一名代表參與，我是第一位代表美國的非白人理事，出任理事共六年（1989~1995），並曾先後擔當以下職務：

第一技術組主席（Chair, Technical Division I, 1985~1989）

河流水利委員會總裁（President, Fluvial Hydraulics Committee, 1983~1985）

隨機水利委員會總裁（President, Stochastic Hydraulics Committee, 1975~1991）

減少自然災害委員會主席（Chair, Natural Disaster Reduction Committee, 1989~1991）

我亦曾擔當美國土木工程師協會（American Society of Civil Engineers）的以下職務：

航道、港口、海岸和海洋委員會主席（Chair, Waterway, Port, Coastal and Ocean Divisions）

以及出任美國地球物理聯盟（American Geophysical Union）的以下職務：

　　隨機水利委員會主席（Chair, Hydraulics Division, Probabilistic Approaches to Hydraulics）

　　河流土壤運動委員會主席（Chair, Hydraulics Division, Sedimentation Committee, 1980~1984）

# 後記

我衷心感謝以下人士的慷慨援助,以完成這本書。首先,是來自台灣的翁琬晴同學和她的朋友于芃同學,把整本書從英語翻譯到中文;感謝香港的謝冠東先生幹練和耐心地編輯這本書;香港商務印書館的蔡柷音女士和張宇程先生幹練地管理和改進這本書。當然,還要感謝我多年的朋友李林建華女士在我撰寫這本書時的多多鼓勵和援助。最後,要感謝我最親愛的妻子多年的耐心和親切關懷。她替我改進了本書中許多內容。

作者在加州撰寫本書時的近照。

譯者翁琬晴。